Table des matières

Préface

Nous nous souvenons toujours de nos premières fois ! Nous nous souvenons aussi des personnes qui y étaient. Le 22 juillet 1999, j'ai fait mon premier spectacle d'Annie Brocoli dans un parc à Saint-Hyacinthe et je me souviendrai toujours de l'inconfort que j'ai ressenti et du soutien que Daniel Blouin, qui travaillait à l'époque à Tacca Musique, m'a donné. Quand ma nervosité prenait le dessus, je me réfugiais dans son regard qui me confirmait que j'étais à ma place.

Depuis, j'ai compris que chaque fois que je ressens un inconfort dans ma vie professionnelle ou personnelle, c'est que je suis sur le point de changer de pointure de chaussures et que je grandis. Quand mes souliers deviennent trop confortables et qu'ils se sont moulés à mes pieds, je sais qu'il est temps de sortir de ma zone de confort et de goûter l'inconnu.

Quand je serai grande, j'aurai une garde-robe remplie de chaussures qui me rappelleront toutes les fois où j'ai grandi et j'aurai toujours une affection particulière pour la plus petite paire, celle que je portais le 22 juillet 1999, soit le jour où j'ai décidé que mes désirs étaient plus forts que la confiance que j'avais en moi !

La vie est si courte ! Sortez, vous aussi, magasiner une autre paire de chaussures ! Parce que changer de chaussures, c'est vouloir devenir grand !

Annie Brocoli
Chanteuse québécoise et animatrice

Introduction

Québec, avril 2013

Au crépuscule de mes 41 années d'existence, j'amorce un nouveau chapitre de ma vie. L'histoire de cette dernière n'a absolument rien d'exceptionnel, mais je crois, très humblement, qu'elle n'a rien de totalement banal non plus. Je crois que le récit de certains faits saillants de ma petite histoire de vie adulte à ce jour, je l'espère profondément, inspirera des personnes qui songent à effectuer un changement dans leur travail, leur carrière ou leur vie, mais qui n'osent pas sortir de leur zone de confort.

Vient inévitablement un temps où nous remettons tous en question un aspect de notre vie personnelle ou professionnelle, un temps où le doute naît, où les insatisfactions grandissent sournoisement et où la passion s'évapore.

Lorsque cela se produit, nous savons dans notre for intérieur qu'un changement quelconque serait souhaitable. Par contre, la peur du changement nous freine trop souvent. L'insécurité financière, l'opinion des autres ou différents blocages se dressent devant le passage à l'action.

Ces peurs peuvent nous aveugler inconsciemment quant à notre malaise profond et nous empêcher de reconnaître notre volonté vive de changement. Le simple fait de nous imaginer projetés hors d'un contexte confortable peut, à lui seul, être terrorisant. Par contre, un passage à l'acte peut parfois s'avérer fort salutaire. Évidemment, c'est beaucoup plus facile à dire qu'à faire.

Je n'ai absolument aucune leçon à donner à personne. Aucune. Je n'ai rien d'un modèle à suivre. Vraiment pas. Je suis un gars bien ordinaire qui a seulement osé provoquer le destin à quelques reprises au cours de sa vie et qui souhaite actuellement partager ses expériences personnelles avec transparence et humilité.

Je me suis, effectivement, souvent « mis à risque » dans le simple but d'avancer, de progresser et de ne pas stagner, que ce soit mentalement ou parfois même physiquement. Si je fais ici un bilan de mon cheminement, en plus de ma période préuniversitaire que je qualifierais de standard, je retiens plusieurs changements de cap majeurs ou de prises de risques qui ont modelé ce que je suis devenu.

Aujourd'hui, j'aimerais simplement partager mes processus d'évolution afin d'éclairer, à ma façon, tous ceux qui aimeraient apporter un changement quelconque dans leur vie. Si vous êtes en période d'interrogation, j'espère que ce livre fournira des éléments constructifs à votre propre histoire.

Mon parcours personnel m'a souvent mené hors des sentiers battus pour continuer à suivre ma voie avec le plus de cohérence et d'authenticité possible. À travers mes étapes de vie, mes insatisfactions m'ont toujours poussé à avancer, jamais l'inverse. Par *insatisfactions*, je ne fais pas référence aux attitudes négatives. Ma définition personnelle des insatisfactions est simplement un *décalage* important entre mes *aspirations* et mes *actions* au quotidien, lorsque les deux ne sont plus en accord et ne vont plus dans le même sens.

Maintenant, je suis très heureux de toujours avoir eu le courage de prendre des risques et de « choisir ma vie » malgré toutes les bonnes raisons rationnelles qui me poussaient dans le sens contraire. Je n'ai jamais regretté d'avoir osé suivre mon instinct, même si celui-ci allait souvent à l'encontre des conventions. Mes malaises ne se sont jamais manifestés pour rien. Ils m'ont toujours dirigé vers la voie à suivre pour aller de l'avant. Mon intuition ne m'a jamais poussé vers le gouffre. Bien au contraire.

Je suis un très grand amateur de biographies. En fait, mes lectures sont souvent nourries par ce type d'ouvrages. C'est souvent à travers les expériences concrètes d'autrui que j'ai appris le plus. Tous les témoignages et les expériences vécues par d'autres personnes ont toujours façonné ma vision des choses.

Que ce soit à travers l'histoire de personnages célèbres ou celle vécue par de simples gens, je considère que toutes les biographies que j'ai lues m'ont fait gagner plusieurs années d'expérience, et ce, en seulement quelques heures de lecture. Ces condensés de vie m'ont certainement évité de faire plusieurs erreurs et m'ont assurément influencé de façon très positive, consciemment ou inconsciemment.

Nous avons tous des raisons qui nous limitent à avancer. Il n'est évidemment jamais facile de quitter une zone de confort. Je dis souvent que « nous ne pouvons pas faire pousser une fleur en tirant sur elle ». Par contre, un simple déclic peut parfois tout transformer et nous faire réaliser bien des choses. Ce déclenchement peut être provoqué par un événement, les paroles anodines d'un ami, un geste, une histoire vécue ou un simple témoignage.

N'a-t-on pas déjà dit : « Celui qui ne connaît pas l'histoire est condamné à la revivre » ? Pour moi, cette citation s'applique autant à l'histoire entière de l'humanité qu'à celle de nos vies respectives d'hommes ou de femmes ordinaires. Connaître les histoires de vie d'autres personnes peut certainement nous faire éviter plusieurs erreurs et nous indiquer plusieurs raccourcis à prendre.

Combien de fois avez-vous été témoin dans votre entourage de personnes ayant vécu un déclic ou une prise de conscience importante simplement par le fait de côtoyer une autre personne qui décidait de démissionner de son emploi, de changer de carrière, de quitter son conjoint ou de réaliser un rêve quelconque ? Que nous le voulions ou non, ce que nous voyons autour de nous nous inspire et nous influence constamment. Peu importe notre histoire personnelle, je crois que chacun de nous peut avoir un impact de transformation positive sur autrui.

Le présent livre ne porte pas du tout sur « les dix trucs pour... » ou « les douze façons de... ». Ce n'est pas non plus un bouquin qui enseigne comment devenir riche ou atteindre les sommets du succès ou de la gloire. Il ne s'agit pas non plus d'une recette magique ou quelconque à appliquer. Loin de là. Il s'agit tout simplement du récit de quelques tournants marquants de ma vie adulte. Il est parsemé de réflexions personnelles et d'anecdotes.

J'y raconte comment j'ai vécu mes sauts dans le vide et les leçons diverses que j'en ai tirées, les rapports que j'ai eus, entre autres, avec l'argent ainsi qu'avec l'opinion des autres. Je raconte de quelle façon j'ai décidé de toujours suivre mon instinct pour rester « sur ma corde[1] » malgré tous les risques et les raisons rationnelles qui me poussaient dans le sens inverse.

Après m'être moi-même projeté très souvent dans des situations à risque, je commence aujourd'hui à très bien comprendre tout le processus de changement qui précède et qui suit la prise de décision. Les mêmes schémas et les mêmes phases reviennent souvent.

J'ai toujours tenté le plus possible de demeurer en lien direct avec mes désirs profonds. Évidemment, c'est beaucoup plus facile à dire qu'à faire. Il est si facile de rouler sur l'autoroute de sa vie et de se laisser porter par celle-ci sans se poser de questions – sans « oser » s'en poser, devrais-je dire – surtout quand une paie est déposée régulièrement dans son compte bancaire. Le confort matériel et le sentiment de sécurité freinent l'élan. Nous sommes probablement tous unanimes sur ce point.

« De toute façon, que pourrais-je faire ? Je ne sais rien faire d'autre ! » entendons-nous aussi trop souvent, comme si l'on parlait de travaux forcés ou d'une prison sans murs d'où il est absolument impossible de nous évader. Sommes-nous à ce point prisonniers de notre propre vie ? Et pour autant d'années ?

1. Sur ma voie.

Je pense que c'est une grosse erreur de croire que nous sommes toujours automatiquement limités à notre seul domaine d'études ou à nos seules expériences de travail. Selon moi, il y a toujours moyen de devenir complètement quelqu'un d'autre si le désir y est vraiment. Les résultats peuvent parfois même s'avérer très surprenants. Reculer d'un pas pour avancer de deux peut à certains moments en valoir la peine.

J'ai donc cru pertinent de mettre le projecteur sur les prises de conscience qui m'ont poussé plusieurs fois en bas de mon wagon en marche ou sur les fois où j'aurais pu décider de ne pas oser, de prolonger le statu quo et de refouler le bonheur, mais où j'ai décidé de tout miser sur l'avenir en quittant mes illusions d'actifs et de sécurité.

Dans ce livre, je ne m'attarderai pas sur les connaissances techniques et professionnelles que j'ai acquises durant mes années sur le marché du travail, car ce n'est pas du tout le but. De nombreux ouvrages écrits par d'autres le font déjà bien mieux que moi.

Je tiens seulement à mettre en lumière les craintes, les doutes, les obstacles affrontés, les éléments déclencheurs et les prises de conscience qui sont à l'origine de mes virages. Comment ai-je vécu les transitions ? Quelles leçons en ai-je tirées ? Est-ce que je regrette mes virages aujourd'hui ? Est-ce que je reprendrais les mêmes décisions si c'était à refaire ?

Afin de mettre mes sorties de zone le plus en contexte possible, je raconte également les faits saillants des périodes qui ont précédé mes changements de cap. Ainsi, vous comprendrez plus d'où je venais chaque fois. Vous saisirez également davantage les circonstances de vie et les états d'esprit qui étaient à l'origine de ces processus de changement.

Ce livre n'était à l'origine qu'un simple article de blogue, mais en réalisant l'ampleur que mon texte prenait au fur et à mesure de son écriture, j'en vins à la conclusion que la forme d'un livre serait beaucoup plus appropriée.

Il est toujours bon de se faire raconter certaines histoires, mais les voir en images marque souvent bien davantage l'esprit. Savoir, c'est bien, mais voir, c'est encore mieux. C'est la raison pour laquelle j'ai inclus plusieurs photos qui illustrent les différentes périodes mises en lumière dans le texte.

J'espère de tout cœur que vous apprécierez votre lecture. Et si ce n'est pas le cas, je vous permets d'utiliser la version papier de mon livre pour vous allumer un bon feu de cheminée. Il vous aura au moins servi à économiser quelques dollars d'électricité.

Alors, voici donc, plus en détail, mes sorties de zone de confort.

Bonne lecture !

Daniel Blouin

Nous avons deux vies,
et la deuxième débute le jour où
nous nous rendons compte que
nous n'en avons qu'une !

— Confucius

Je mets les voiles vers Montréal

J'ai tout le profil du gars bien ordinaire. Je suis né à Québec en juillet 1971. D'après mes calculs, j'aurais donc été créé en pleine crise d'Octobre, moment historique au Québec en 1970. Mes parents s'étaient probablement dit qu'il valait mieux faire l'amour que la guerre. Sauf deux petites périodes, l'une, entre deux et quatre ans, où j'ai habité en Provence, dans le sud de la France, et l'autre, à dix ans, où j'ai demeuré sur la péninsule du Niagara en Ontario, j'ai grandi dans le quartier Limoilou, à Québec, jusqu'à mes dix-sept ans. Mes deux parents étaient professeurs et avaient à l'époque participé à des échanges professionnels, d'où la raison de mes quelques années à l'extérieur du Québec.

J'ai grandi dans une famille très aimante avec ma mère, mon père et mon frère de trois ans et demi mon cadet. La petite famille standard de classe moyenne. J'avais dix-sept ans lorsque nous nous sommes installés à L'Ancienne-Lorette, directement sur le bord de la rivière Lorette, au pied de l'église.

J'avais entrepris un bac en administration à l'Université Laval lorsque j'ai décidé de prendre une pause d'une année complète pour devenir membre d'un groupe de musique américain en tournée mondiale.

Retour de tournée

Printemps 1994. Ça faisait déjà quelques mois que j'étais revenu d'une tournée d'une centaine de représentations dans dix pays avec le groupe Up With People. Cette tournée m'avait amené de Tucson, en Arizona, à Helsinki, en Finlande, en passant par le Danemark, la Suède, la Suisse, la France, la Hollande, la Belgique, l'Allemagne et tout l'Ouest canadien.

Ce fut une année de fou où j'ai eu le privilège à vingt et un ans de voyager et de faire des spectacles avec cent vingt jeunes originaires de vingt-deux pays. Un vrai *trip* de tournée durant lequel j'ai eu la chance de vivre des expériences inoubliables. Comme dans toutes les bonnes tournées, une flotte de camions-remorques et d'autobus nous fit parcourir des milliers de kilomètres sur les routes d'Amérique et d'Europe. Une équipe de direction d'une vingtaine de personnes nous accompagnait et gérait l'ensemble des activités : gérants, techniciens de son et d'éclairage, directeur des finances, chauffeurs, musiciens, responsables de la logistique et du marketing, etc.

Alors que je baragouinais l'anglais et que je n'avais jamais chanté ou joué de la guitare sur une scène, je me retrouvai maître de cérémonie de toute la troupe et j'obtins l'un des trois rôles principaux projetés à l'avant-scène. Je n'ai jamais vraiment compris pourquoi on m'avait confié ce rôle à l'époque. Mais bon ! Les gérants devaient trouver que mon très gros accent francophone ajoutait une saveur internationale au spectacle. Comme je n'ai pas osé leur demander « pourquoi moi ? », je ne le saurai jamais.

Confidence. Le groupe avait accepté que j'apporte ma guitare, car il avait trouvé mon démo très bon. Le seul hic était que ce n'était pas moi qui jouais de la guitare sur le démo, mais l'un de mes amis qui, lui, jouait très bien. Je voulais seulement être certain que le groupe m'accepte. Ce qu'il fit. Il me restait donc six mois pour apprendre la guitare. Je n'eus pas vraiment le choix d'assimiler assez vite. Disons que je m'étais mis un peu de pression.

Je ne savais tellement pas parler anglais que la première fois qu'un collègue du groupe me demanda tout bonnement ceci : « *What's up*[2] ? », j'ai regardé vers le plafond pour savoir ce qu'il y avait de particulier. J'ai finalement répondu : « *Nothing is up* ![3] », avec un regard d'incompréhension. Je ne comprenais vraiment pas pourquoi il m'avait demandé ce qu'il y avait en haut. C'est vous dire mon niveau d'anglais ! Je compris seulement quelques semaines plus tard la raison pour laquelle mon interlocuteur avait semblé si déstabilisé par ma réponse.

Ce périple de spectacles me permit de vivre des moments extraordinaires, hors du commun. Par exemple, on m'a invité à la maison de Bill Clinton, à Little Rock, à l'époque

2. « Quoi de neuf ? »
3. « Il n'y a rien en haut ! »

où l'ex-président américain était gouverneur de l'Arkansas et en pleine campagne électorale pour la présidence des États-Unis.

Chelsea Clinton[4] avait assisté à notre spectacle en soirée et m'avait même demandé, à mon grand étonnement, mon autographe. Dans ma vie, j'ai signé une dizaine d'autographes, dont un à la fille d'un ex-président des États-Unis ! Assez cocasse. Quelques semaines plus tard, Bill Clinton fut élu président et j'eus la surprise de recevoir une invitation personnelle de la Maison-Blanche écrite à la main sur papier en-tête de la célèbre demeure par l'« assistante » personnelle du président que j'avais connue lors de ma visite chez lui, en Arkansas.

Elle ressemblait tellement à Monica Lewinsky que lorsque la fameuse histoire explosa quelques mois plus tard, j'étais convaincu d'avoir rencontré la célèbre stagiaire à Little Rock. Je retrouvai finalement sa lettre dans mes archives et je réalisai malheureusement qu'il s'agissait d'une autre fille. La ressemblance physique pouvait très bien porter à confusion. Cela aurait vraiment été le comble. Imaginez le prix que j'aurais pu obtenir pour cette lettre sur eBay ! J'étais un peu déçu.

Durant cette période incroyable, j'eus également l'honneur, entre autres, de faire un discours au parlement européen de Strasbourg, de jouer au hockey avec une équipe suédoise, de chanter et de jouer de la guitare dans des amphithéâtres gros comme le Colisée, de « performer » dans un gymnase d'une prison à sécurité maximale remplie de centaines de détenus, exactement comme dans le film *Le party*.

---

4. Fille unique de Bill et d'Hillary Clinton.

Parmi ces beaux souvenirs, il y a également ceux d'avoir fait partie du spectacle de clôture de la fête nationale des Américains, à Fargo, dans le Dakota du Nord, d'avoir été reçu par l'ambassadeur du Venezuela, à Stockholm, d'avoir rencontré Saku Koivu, après une partie de hockey, dans le vestiaire du TPS Turku, en Finlande, alors que l'ex-vedette des Canadiens de Montréal n'avait pas encore fait son entrée dans la Ligue nationale de hockey (LNH), etc. Des mois remplis d'anecdotes du genre.

C'était donc le type d'année dont on se souvient toute une vie. J'étais constamment dans mes valises et je fus hébergé dans environ quatre-vingt-dix familles d'accueil de toutes les cultures. J'ai même dormi dans un poste de pompiers au Nouveau-Mexique où je me réveillais en même temps que les alarmes. Je transpirais le bonheur de ne jamais demeurer dans la même ville plus de deux ou trois jours. Ma « pierre n'amassait vraiment pas mousse ». Et c'est ce que j'aimais le plus.

J'étais continuellement projeté hors de ma zone de confort et j'adorais ça. Je devais me surpasser et m'adapter constamment, surtout en ce qui avait trait à l'anglais, à la scène et à toutes les familles où j'habitais. Encore aujourd'hui, je peux affirmer que ce fut l'une des plus belles années de ma vie. Je savais dès lors que le changement continuel et le dépassement de mes limites m'allumaient totalement. Chaque mise à risque me faisait grandir. J'étais heureux et comblé.

Toute bonne chose a une fin. J'étais donc encore euphorique quant à mon année mémorable de tournée et de retour à Québec à l'été 1993. J'étais de nouveau dans le sous-sol de mes parents à L'Ancienne-Lorette. Contraste un peu déstabilisant.

Devant moi, le vide, la routine et le retour à la vie « normale ». J'étais un peu déprimé. Je venais de terminer les quelques cours de mon bac qu'il me restait à faire en marketing à l'Université Laval. J'étais en manque très intense d'adrénaline. Quelques mois à vivoter passèrent et je ne savais trop quoi faire de ma peau. J'étais censé être devenu un adulte, mais je tournais en rond.

À ce moment, je voulais devenir producteur et je désirais percer dans l'industrie du spectacle québécois. Par contre, je ne savais absolument pas comment j'allais y parvenir, car aucun emploi dans le domaine ne m'intéressait à Québec. Ma seule option était de travailler dans une salle de spectacle, mais ça ne m'attirait pas. Je voulais être plus à la source. Je ne voulais pas seulement être un diffuseur local.

Je ne sais pas pourquoi, mais depuis que je suis ado, j'ai toujours eu la vision que j'aurais un jour un foyer orné de disques d'or. J'ai toujours eu cette curieuse image en tête, même si, à cette époque, je n'avais aucune intention encore de travailler dans l'industrie du disque. J'avais donc cette image en tête sans savoir pourquoi. Elle était là, c'est tout.

Même qu'au début de mes études universitaires, je me dirigeais en administration pour travailler en comptabilité à la suite des précieux conseils de mon orienteur du cégep Garneau... Hum ! C'est fou comme on peut « être dans le champ » et ne pas bien se connaître quand on est jeune. Moi, comptable ? Ça, c'était une très bonne blague !

Par chance que mon champ d'études en marketing faisait partie de cette même faculté d'administration, car je ne sais pas ce que je serais devenu. Il faut dire qu'il doit être effectivement très rare qu'un orienteur dirige un jeune vers l'industrie du disque ou du *show-business*. Ce choix de carrière doit se retrouver bien loin dans la liste des meilleurs « domaines d'avenir ». En fait, il ne doit même pas se retrouver sur cette liste.

Heureusement, également, que je n'ai jamais laissé les domaines dits d'avenir influencer mes aspirations. J'ai toujours pensé que ce n'est pas parce qu'un domaine n'est pas qualifié « d'avenir » qu'il n'y a pas une place pour moi. Je n'avais besoin que d'une porte ouverte, pas de mille. J'étais persuadé que, peu importe la grosseur de l'ouverture, j'y mettrais le pied avant que l'on ne me la referme au nez.

Un jeudi soir du printemps 1994, ma copine et moi étions en train de discuter de mon avenir nébuleux à Québec, allongés sur le divan brun en « fin de vie » dans le sous-sol de mes parents lorsqu'une suggestion ne tomba pas dans l'oreille d'un sourd. Tout bonnement, Marjolaine me dit : « Pourquoi n'irais-tu pas travailler à Montréal ? »

Même si j'avais toujours juré de ne jamais aller vivre à Montréal et que je m'obstinais à demeurer à Québec, à cet instant même, la lumière fut. « Ouais ! Pas fou ! » me rendant finalement à l'évidence. Dès le lendemain matin, je quittais Québec pour Montréal dans ma vieille Aries K noire, (vieux modèle de voiture économique nord-américain) seulement armé de mon oreiller, de quelques vêtements et de mon ordinateur, question de pouvoir écrire de futurs curriculum vitæ une fois arrivé à destination.

Montréal, j'arrive !

Mon seul problème était que je n'avais aucun endroit où dormir le soir même et encore moins pour les centaines d'autres à venir. Aucun *contact* ne m'attendait et aucun boulot non plus. En y repensant, je ne me rappelle même pas si j'étais conscient ou non que je quittais le nid familial pour toujours. Je ne me souviens même pas non plus d'avoir salué mes parents de façon solennelle ou d'une quelconque manière attendrissante et qui fait pleurer. Peut-être l'ai-je fait. Peut-être que non. Je me rappelle seulement que j'étais excité et emballé de me jeter dans le vide. Je partais à l'aventure sans billet de retour. Une belle inconscience ! Je retrouvais enfin l'excitation que j'avais vécue à l'époque de ma tournée musicale.

Deux cent cinquante kilomètres plus loin, je crus bon de joindre la seule et unique personne que je connaissais sur toute la planète Montréal !

— Hé ! Jean-Denis. Tu sais quoi ? Je déménage à Montréal et je n'ai aucun endroit où dormir ce soir. Cool, hein ?

— Bravo, champion ! devait-il se dire.

Après avoir passé une journée complète à m'aider, sans succès, à trouver des annonces de personnes à la recherche d'un colocataire sur les babillards d'universités (Internet étant quasi inexistant à l'époque), Jean-Denis me prit probablement en pitié et accepta que je dorme chez lui ce soir-là dans son appart situé juste en face de l'Université de Montréal. Il devait se douter que je n'avais pas encore développé une grande passion pour les bancs de parc.

Espérant sûrement que je ne passe pas le reste de ma vie sur son divan, Jean-Denis appela quelqu'un pour lui demander s'il était assez aimable pour accueillir un pauvre itinérant de Québec et l'héberger pendant un bout de temps. Même s'il n'avait aucunement besoin d'un coloc, son ami accepta gentiment de m'héberger. Je passai donc un mois à dormir sur une chaise longue de « patio » en plastique installée derrière le divan du salon du chemin de la Côte-des-Neiges.

Mon ordinateur était installé directement au sol dans le coin de la pièce. Je passai plusieurs journées à faire parvenir mon CV à l'ensemble des intervenants de l'industrie du disque et à me croiser les doigts. Je vivais d'espoir.

Une compagnie de disques m'intéressait plus particulièrement et c'était celle appartenant au roi de la production de spectacles au Canada à l'époque, soit le très sympathique Donald Tarlton, alias Donald K. Donald, le premier producteur dans l'histoire du *show-business* québécois à avoir loué l'ancien Forum de Montréal et le Stade olympique afin de produire les plus grandes vedettes mondiales du rock.

Quand Roger Waters, de Pink Floyd, et les membres des Rolling Stones viennent souper chez vous lorsqu'ils sont en ville, vous pouvez affirmer sans gêne être un acteur important du rock international ! À l'époque, Donald K. Donald produisait également la tournée mondiale de Céline Dion avec son agent, Barry Garber, dont le bureau était dans les mêmes locaux que lui. Ayant vendu une partie de ses « activités » à l'organisation de l'équipe de hockey des Canadiens de Montréal il y a quelques années, l'entreprise

Donald K. Donald devint plus tard l'entité evenko[5] que vous connaissez probablement mieux aujourd'hui.

Si je ne me trompe pas, le « A » de Guy A. Lepage, le « Z » de Richard Z. Sirois et le « P » de Yves P. Pelletier de Rock et Belles Oreilles (groupe d'humoristes québécois) faisaient justement référence au « K » de Donald K. Donald pour faire *BIG* !

À cette époque, Donald était mon idole absolue, et je tenais absolument à travailler dans son sillage. Par contre, lui, il ne me connaissait pas du tout et n'avait aucunement besoin de moi. Je n'avais aucun contact, aucune porte d'entrée, mais j'avais le « couteau entre les dents » et une volonté à faire peur.

Mais, en attendant que Donald réalise, par une intervention divine du Saint-Esprit, que le gars le plus motivé du monde, prêt à travailler avec lui, venait d'arriver fraîchement de Québec, je devais manger et payer ma part du loyer. Aucun héritage quelconque ni gain à la loterie ne me permettait de vivre sans travailler.

Par contre, au cours de mes années passées dans le sous-sol de mes parents, période durant laquelle je n'avais vraiment pas beaucoup de dépenses à assumer, j'avais réussi à amasser une très bonne somme d'argent, bien que ce ne soit vraiment pas *sexy* d'économiser lorsque l'on est jeune, ce qui me donnait une certaine quiétude d'esprit. Quelle excellente idée j'avais eu d'épargner mon argent alors que j'habitais encore chez mes parents !

5. Promoteur d'événements.

Pottsville Republican

your life every day

Schuylkill County's Newspaper — SINCE 1884 — A Pulitzer Prize Winner

NO. 135 — POTTSVILLE, PA. TUESDAY, APRIL 6, 1993

Andy Matsko/The REPUBLICAN

Up With People performers, Mike Sears, left, Heidi Lindstrom and Daniel Blouin rev up the crowd during Monday's performance.

Up With People delivers message

MESSAGE/From Page 1

laser sword battle with Luke Skywalker.

The peace generation and sci-fi scene were soon replaced with that one form of music that refuses to fade away — disco. Cast members in leisure suits and clinging dresses recreated

Buehler, 23, lives in southern Germany outside of Munich.

Host families volunteer to house and feed cast members when they visit for a show. Buehler said he enjoys learning new cultures and explaining about Germany, especially since his

rap song about pollution and the ever-growing variety of disposable items that are not recycled and wind up clogging the world's landfills.

"Playing With Fire," a song and dance act about illegal drug use followed, with cast members acting out a skit where a young man is

Page couverture d'un journal aux États-Unis. Je suis à la guitare en compagnie de mes deux collègues et amis, l'Américain Mike Sears ainsi que l'Australienne Heidi Lindtsrom.

Lors de la préproduction de notre spectacle à Tucson, en Arizona.

Cette photo a été prise par un journaliste lors d'un spectacle en Suède. Elle parut en page couverture du journal local. Je suis à droite, avec la guitare, en compagnie de mon collègue Jasper du Danemark et de Christa des États-Unis.

Invité à la Maison-Blanche

Un jeune homme de L'Ancienne-Lorette, en tournée actuellement avec la troupe «Up With People», Daniel Blouin, a récemment été invité par la fille du président américain Bill Clinton, Chlsea à une visite de la Maison Blanche.

L'histoire remonte à quelque mois. La jeune Clinton, qui a vu la performance de Blouin (à la guitare sur notre photo), lors de la tournée américaine de «Up With People», lui a offert de visiter la Maison-Blanche... si son père était élu président, ce qui est maintenant chose faite. L'histoire ne dit pas quand Mlle Clinton fera visiter sa «Maison» au jeune Blouin, puisque ce dernier est en tournée avec «Up With People» pour quelques mois encore.

Spectacles

D'ailleurs, Daniel Blouin trimbale sa bosse avec «Up With People» depuis juillet dernier. Lors d'un stage de la troupe en Arizona, le jeune Blouin a même été choisi pour animer une partie du spectacle de deux heures de l'ensemble international.

Depuis août, «Up With People» a visité le Nouveau Mexique, le Texas. En Arkansas, il a participé à une émission de radio au cours de laquelle il a chanté «C'est à ton tour de te laisser...» de Gilles Vigneault. Après les Fêtes, les jeunes artistes ont

Photo Le JOURNAL

LES ÉCHOS

SERGE DROUIN

Journal de Québec, mars 1993.

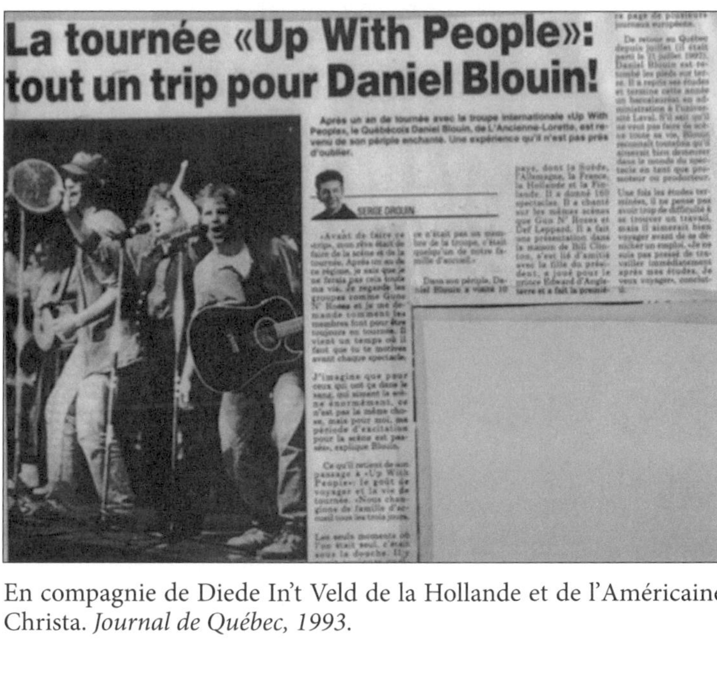

La tournée «Up With People»: tout un trip pour Daniel Blouin!

Après un an de tournée avec la troupe internationale «Up With People», le Québécois Daniel Blouin, de L'Ancienne-Lorette, est revenu de son périple enchanté. Une expérience qu'il n'est pas près d'oublier.

SERGE DROUIN

En compagnie de Diede In't Veld de la Hollande et de l'Américaine Christa. *Journal de Québec, 1993.*

En attente du train à la gare de Paris.

Mon discours au Parlement européen de Strasbourg en France en décembre 1992. Il était traduit simultanément dans toutes les langues de la communauté européenne.

Lors de ma visite chez Bill Clinton à Little Rock alors qu'il était gouverneur de l'Arkansas. Je suis accompagné de son assistante personnelle qui m'invita à la Maison-Blanche quelques semaines après l'élection à la présidence de M. Clinton.

De passage à New York à l'automne 1992, avec les fameuses tours jumelles du World Trade Center en arrière-plan et sur lesquelles j'avais eu la chance de monter sur le toit quelques minutes avant la prise de cette photo.

Sur Bourbon Street, à la Nouvelle-Orléans, avant la fameuse inondation. Nous étions en Louisiane lors d'un spectacle privé pour une compagnie d'assurances.

Quelques minutes de méditation avant notre spectacle au Colisée de Portland dans le Maine. Le groupe Guns N' Roses donnait un spectacle exactement sur cette même scène le lendemain.

Lorsque je fus invité en entrevue télévisée dans les studios du réseau NBC au Massachusetts.

La transition

Question de payer ma vie de pauvre motivé et d'immigré des régions, je réussis, grâce à l'agence de placement Manpower, à dénicher quelques jours plus tard un poste temporaire dans l'entrepôt de Canadair à Ville Saint-Laurent. Même si plusieurs personnes rêvaient à cette époque de pouvoir décrocher un emploi chez ce prestigieux fabricant d'avions, et sans vouloir dénigrer quiconque ou quelque emploi que ce soit, personnellement, j'étais très loin de mon objectif et je me fichais complètement de classer des pièces d'avion selon leur nouveau système d'entreposage.

Avec des pièces d'avion dans les mains, je me trouvais tristement bien loin de ma vision de disques d'or sur ma cheminée. Par contre, je savais que ce n'était que transitoire. J'étais déterminé et j'étais prêt à tout pour faire ma place dans l'industrie québécoise du spectacle.

Afin de mettre toutes les chances de mon côté, je m'étais alors inscrit également à quelques cours du soir à l'école Musitechnic, fondée par le chanteur québécois Gilles Valiquette. Les professeurs nous enseignaient plusieurs facettes de l'industrie. Certaines vedettes de la chanson étaient souvent invitées à venir partager avec nous leur vécu dans l'industrie musicale. Je peux dire que j'étais quand même très impressionné par elles à cette époque. Quand les auteurs-compositeurs-interprètes Richard Séguin et Laurence Jalbert jouent aux profs, vous écoutez. Surtout qu'à cette époque, ils étaient tous deux au sommet de leur carrière respective.

Ma conjointe, Marjolaine, vint me rejoindre entre-temps dans notre premier appartement de l'avenue du Parc et nous avons déménagé quelques mois plus tard au coin de Saint-Joseph et de Saint-Denis.

Mais, comment dénicher mon emploi de rêve alors que je travaillais à temps plein pour un constructeur d'avions ? Je n'avais que deux possibilités, c'est-à-dire deux fois quinze minutes de pause par jour pour faire des appels et pour harceler des employeurs potentiels dans mon domaine.

Dès que la sirène de pause résonnait très fortement dans l'usine, je me précipitais au téléphone pour faire mes appels deux fois par jour. Je devais faire vite, car j'étais un peu gêné lorsque je prenais trop de temps et que mon interlocuteur entendait la sirène de fin de pause à l'autre bout du fil. Ça ne faisait pas très sérieux, mais je n'avais pas vraiment le choix.

Même si tous ceux que j'appelais pour me dénicher un emploi semblaient me trouver bien sympathique et bien motivé, aucun d'entre eux n'avait de poste réel à m'offrir.

Warner, EMI, Sony, Audiogram, BMG, Universal et tous les autres me dirent non. De toute façon, en toute franchise, si j'avais été à leur place, je ne me serais probablement pas engagé moi-même, car je n'avais absolument pas d'expérience ni de références dans le domaine.

Donc, comment faire pour obtenir de l'expérience et de bonnes références ? Je décidai donc de rappeler, entre deux sirènes de pause, Mark Lazare, qui dirigeait à l'époque Tacca Musique, la compagnie de disques appartenant au célèbre Donald K. Donald que j'idolâtrais tant.

Voici à quoi ressembla la conversation :

— Bonjour, je vous ai déjà appelé récemment afin de travailler pour vous. Je sais qu'aucun poste n'est disponible, mais je vous propose de travailler pour vous gratuitement. Vous avez certainement des tâches faciles à exécuter, mais que vous n'avez pas le temps de faire. Eh bien, je vous offre mes services gratuitement. Ce n'est pas un stage que je veux. Vous n'aurez aucun rapport de stage à produire et vous pourrez également me mettre à la porte n'importe quand si je ne fais pas l'affaire. Avez-vous des tâches faciles que personne ne veut faire ou n'a simplement pas le temps de faire ?

— Euh... oui ! Vous seriez prêt à commencer quand ?

— Lundi prochain ! répondis-je, emballé de travailler sans être payé. (C'est tout dire !)

— Euh... eh bien, OK, à lundi !

Ce fut aussi rapide que ça. C'était réglé !

Curieusement, je n'étais aucunement nerveux lors de cet appel, car je considérais mon offre comme tellement irrésistible. Pour quelle bonne raison aurait-il refusé ? Qu'avait-il à perdre ? Rien ! Je lui coûtais zéro dollar. Il pouvait me dire de partir n'importe quand si je ne faisais pas l'affaire. Il n'avait aucun rapport de stage à produire et aucune supervision énergivore à faire. Comment un employeur peut-il dire non à ça ?

C'est à ce moment que j'ai réalisé qu'il était beaucoup plus facile d'obtenir quelque chose à moyen terme en commençant par donner et ne rien demander en échange. J'étais en réalité en train d'investir dans mon avenir. Mes économies m'ont servi à travailler sans aucun salaire un certain temps. C'est grâce à ces épargnes que j'ai réussi à m'acheter ma première expérience, à créer mes premiers contacts et à obtenir mes premières références crédibles dans le domaine. Il ne me restait plus qu'à saisir cette occasion et à donner mon maximum.

Mon premier vrai boulot

C'est ainsi que, quelques jours plus tard, je me retrouvai dans l'entreprise de mes rêves. Même si je n'effectuais que des petites tâches de paperasse et de télécopie que plusieurs trouvaient probablement insignifiantes, j'étais au paradis. Je ne pouvais pas avoir les oreilles et les yeux plus grands ouverts. J'étais assoiffé et je « mangeais les bandes[6] ».

Je ne levais jamais le nez sur une tâche, excitante ou non, que l'on me demandait d'exécuter. Je me trouvais déjà très

6. Expression québécoise exprimant la passion.

privilégié de faire partie de l'entreprise. Je n'allais certainement pas me mettre à faire la fine bouche et à me croire au-dessus de la mêlée. Je me souviens même d'avoir été obligé d'aller chercher l'habit de Donald chez le nettoyeur au volant de sa grosse Mercedes.

Certains auraient pu se sentir dégradés ou non respectés. Moi, ça ne me traversait même pas l'esprit et je profitais toujours de ces possibilités pour être en contact direct avec Donald. Je profitais de ces occasions pour apprendre sur le métier en lui posant toutes mes questions.

J'effectuais les tâches anodines comme si elles étaient ce qu'il y avait de plus important au monde. J'ai toujours pensé que si je n'étais pas capable de bien accomplir des tâches banales et dans les délais, il y aurait de fortes chances que mon patron n'ait aucunement le goût et la confiance de m'en déléguer d'autres plus importantes. En tout cas, moi, c'est exactement ainsi que je pensais quand je devins patron plusieurs années plus tard. J'ai toujours cru qu'une chose mène automatiquement à une autre, pourvu que la première, aussi banale soit-elle, soit bien faite.

J'étais donc dans le sillage quotidien de mon idole, Donald, et cela me satisfaisait. De plus, je fus rassuré de constater à quel point il était un personnage fort sympathique, chaleureux, attachant, enjoué et sans aucune prétention. Vraiment aucune. Je le considérais comme un exemple que plusieurs auraient avantage à suivre.

J'entends encore Donald me raconter comment il avait su convaincre à l'époque le directeur général des Canadiens de Montréal, Sam Pollock, de lui louer son Forum pour la première fois en échange de quoi il aurait ainsi plus d'argent pour engager de meilleurs joueurs de hockey.

Imaginez, c'était ça, son seul argument pour le convaincre, car M. Pollock n'était pas particulièrement emballé à l'idée d'accueillir des milliers de « cheveux longs » dans son édifice.

Il m'a aussi raconté de quelle façon il avait obtenu tous les droits de commercialisation des produits dérivés des Backstreet Boys qui étaient en train d'exploser sur le marché canadien et comment s'était déroulée en coulisse la fameuse émeute lors du spectacle de Guns N' Roses au stade olympique.

Donald était et est encore, évidemment, une encyclopédie vivante de l'histoire du *show-business* québécois et canadien. J'espère encore qu'il décidera un jour d'écrire tous ses souvenirs et toutes ses anecdotes. En fait, je l'ai même souvent encouragé à le faire avant qu'il ne soit trop tard. Je désire vraiment pouvoir le lire un jour.

Ce fut probablement l'une des périodes les plus instructives de ma vie. Cette époque m'a reconfirmé que peu importe la banalité de nos tâches, il n'y a rien de plus enrichissant que de baigner dans un nouvel environnement qui nous stimule en étant simplement observateur. J'aurais pu ne rien faire ou seulement passer mes journées à épousseter les tablettes que j'en aurais probablement appris autant sur l'industrie, ses coulisses et sa dynamique. Je m'instruisais énormément du métier seulement en écoutant et en regardant mes collègues travailler et interagir.

Je trouvais très instructif de constater comment le producteur de disques négociait des apparitions publiques avec son artiste, comment le gérant couvrait son client, soit l'artiste, comment le producteur de disques et le gérant poussaient l'agent de spectacles à vendre une tournée en province et comment les radios se battaient pour obtenir le *hit* ou la primeur d'une entrevue.

Je prenais conscience des divers rapports de force de chacun. La différence est énorme et même radicalement opposée entre le pouvoir de négociation d'une nouvelle recrue et d'une vedette qui apporte de l'eau au moulin. Le renversement des rapports de force est, en fait, assez impressionnant.

Je voyais maintenant de l'interne la façon dont fonctionnait l'industrie dans ses moindres détails et comment tous ses intervenants interagissaient : la vedette, le gérant, le producteur de disques, l'agent de spectacles, le directeur de tournée, l'éditeur, l'auteur-compositeur, le réalisateur de disques ou de vidéoclips, le graphiste, l'attaché de presse, les journalistes, les médias, le distributeur, le magasin de disques, les diffuseurs locaux et les *fans*.

C'était une faune fascinante et remplie de subtilités, de négociations, d'ego, de méfiance, d'excentriques, de requins, de lèche-bottes, de personnes inspirantes, de personnes vraies, de m'as-tu-vu, de fous sympathiques, de gens en manque d'attention, de génies, de « tripeux[7] », de compétiteurs, de rebelles, de groupies, etc. Un monde emballant et fort excitant pour un « petit cul » de Québec encore impressionné par la grosse ville.

À cette époque, France D'Amour sortait son deuxième album, Sass Jordan arrivait en fin de carrière et Kevin Parent venait tout juste de lancer son premier album, encore complètement inconnu du grand public. Marie-Chantal Toupin,

7. Passionnnés

Annie Brocoli, Nicola Ciccone et Jorane étaient, quant à eux, de parfaits inconnus qui n'avaient même pas encore de contrat de disque.

J'avais de la difficulté à croire qu'en seulement quelques jours, j'étais passé d'entreposer des pièces d'avion dans une usine à discuter tout bonnement en réunion de quelles chansons devrait jouer Kevin Parent en première partie de Bon Jovi au Forum de Montréal. Je croyais rêver ! Honnêtement, je n'aurais pas parié deux dollars là-dessus quand je courais dans mes pauses à l'usine pour faire mes appels.

Après un mois de travail gratuit, mon nouveau patron décida donc de m'engager en créant un poste pour moi. J'avais réussi. J'étais maintenant payé pour m'amuser ! J'étais rémunéré, oui, mais je précise que j'ai obtenu 22 000 $ la première année et 32 000 $ la dernière. Vraiment pas de quoi m'acheter une copropriété en Floride. En fait, mon salaire était le dernier de mes soucis.

Il faut dire aussi que les prix des maisons, de l'essence et des autres biens de consommation n'avaient rien à voir avec ceux d'aujourd'hui. Je vivais correctement, ni plus ni moins, et cela me satisfaisait amplement. Je n'en demandais pas plus à la vie. Je ne pouvais être plus heureux.

Je fis donc partie de l'équipe de Tacca Musique, la division des disques de Donald, et je joignis un groupe incroyable et fort sympathique composé de Mark Lazare, René Leblanc, Nancy Wiseman et Mariana Gianelli ; un juif de Westmount, un Acadien, une anglophone de l'Ouest-de-l'Île, une latino d'origine et moi, le francophone des régions.

L'un des aspects qui m'impressionnaient le plus à mes débuts parmi eux était le côté complètement bilingue de chacun et de toute l'entreprise en général. En fait, même si je considérais mon anglais comme « pas si pire » grâce à ma tournée d'un an avec le groupe américain Up With People, j'étais quand même, et de loin, le plus unilingue du groupe. Ça me renversait de voir à quel point les gens passaient constamment de l'anglais au français, et vice versa, et ce, dans la même phrase. La langue du bureau était constamment le franglais. À ce jour, je n'ai jamais vu une entreprise aussi naturellement bilingue.

Pour vous dire à quel point les gens étaient parfaitement bilingues, il m'était impossible de deviner si ma collègue Mariana était plus francophone ou anglophone tellement elle n'avait aucun accent dans les deux langues. Elle me mit complètement K.O. quand elle m'annonça que sa langue maternelle était l'espagnol !

Même chose avec Nicola Ciccone, artiste très connu au Québec. Le français était une troisième langue pour lui après l'italien et l'anglais, et je considère encore qu'il écrit beaucoup mieux en français que la majorité d'entre nous pour qui c'est la langue maternelle. Ça m'a toujours beaucoup impressionné. C'est comme si j'écrivais moi-même des chansons dans un meilleur espagnol que la majorité des Mexicains. Je peux vous confirmer que cela n'arrivera jamais.

Kevin était également totalement bilingue, ayant un père anglophone et une mère francophone. C'est surtout durant cette période que je pris conscience à quel point nous étions unilingues à Québec. Je le savais déjà, mais pas à ce point. Le savoir est une chose, mais le vivre quotidiennement en est une autre. Je pris une triste conscience de mes limites linguistiques et je me sentis vraiment handicapé et pas tout à fait dans ma zone de confort.

Bien au contraire. Si vous saviez le nombre de fois où j'ai fait semblant de comprendre Donald lorsqu'il me parlait, alors que je n'avais absolument rien saisi de ce qu'il disait dans son *slang*[8] mâchouillé. Il y a quand même une limite à demander à quelqu'un de répéter constamment et d'avoir l'air incompétent. La pire fois fut au volant de ma voiture où j'essayais de trouver mon chemin dans les rues de Montréal en plus de Kevin qui « déconnait » à côté de moi.

Mon cellulaire sonna et c'était Donald avec le gérant des Backstreet Boys en conférence téléphonique au bout du fil qui désiraient connaître mes besoins techniques pour nos artistes qui allaient assurer la première partie du *boys band* américain sur l'île Sainte-Hélène. J'étais au volant d'une voiture en train de chercher mon chemin, et ce, sans compter une mauvaise réception téléphonique, deux anglophones et leur *slang*, des questions techniques de scène auxquelles je ne connaissais pas grand-chose et un clown, à côté de moi, qui essayait de me faire rire. Je vivais tellement un cauchemar stressant que de m'évanouir aurait été moins souffrant. Je n'étais quand même pas pour leur prouver mon incompétence en répétant : « *I'm sorry, can you repeat, please, my english is not very good*[9] *!* »

Pour un gars de Québec où la plupart s'habillent chez Simons, où tout le monde parle français et où rares sont ceux qui ont déjà vu un juif hassidique ailleurs qu'à la

8. Argot anglais.
9. « Désolé, pouvez-vous répéter, s'il vous plaît, je ne comprends pas très bien l'anglais. »

télévision, j'étais de loin le Québécois francophone des régions le plus stéréotypé de l'entreprise. Oui, oui, pour un Montréalais, Québec est une région. Je n'avais pas le choix de m'adapter, d'apprendre et d'évoluer rapidement.

Kevin Parent

Ce fut le début d'une période fantastique et d'une longue aventure. Je ne pouvais tomber mieux. Tacca Musique était en pleine ébullition et les années qui suivirent furent exaltantes. La popularité de Kevin Parent explosa en passant de parfait inconnu à idole après 800 000 exemplaires vendus de ses deux premiers albums.

À ma connaissance, c'est un record jamais égalé dans l'histoire de la musique québécoise. Lors d'un certain gala de l'ADISQ[10] au Centre Bell, quatre Félix (l'équivalant québécois d'un Victoire ou d'un Grammy) vinrent même couronner cette ascension fulgurante. Kevin était tellement populaire à cette époque que j'avais souvent l'impression d'accompagner Jésus en voyant les gens aussi intimidés lorsqu'ils le rencontraient pour la première fois.

Le statut grandissant de Kevin me donnait également la possibilité de jouer parmi les grands et d'être au cœur de l'industrie, comme lorsque j'invitai des producteurs français de la populaire émission de télévision *Taratata* lors d'un voyage d'observation des baleines sur le fleuve Saint-Laurent. Ce voyage permit, entre autres, de clore les négociations d'une participation de Kevin comme invité

10. L'ADISQ (Association québécoise de l'industrie du disque, du spectacle et de la vidéo) est une association professionnelle à but non lucratif fondée en 1978.

québécois dans une émission spéciale consacrée à Céline Dion. Ce fut l'une de ses premières présences en France.

Kevin est l'artiste de l'écurie avec qui j'ai travaillé le plus longtemps et le plus régulièrement. J'étais impliqué dans tous les aspects de sa carrière. À titre professionnel, je garde de précieux souvenirs, entre autres, la semaine de préproduction de son deuxième album passée chez lui, à Nouvelle, en Gaspésie, avec ses musiciens.

Je me souviens également de notre séjour à Vancouver où nous avions notre petit condo en plein cœur du centre-ville. Nous y avions enregistré quatre chansons de *Grand parleur, petit faiseur* dans le studio de Jim Vallance, célèbre auteur-compositeur de Bryan Adams, Rod Stewart, Aerosmith, KISS, Ozzy Osbourne et plusieurs autres grands noms.

Encore aujourd'hui, chaque fois que j'entends la chanson *Maudite jalousie* à la radio, je suis automatiquement projeté au Stanley Park de Vancouver autour duquel nous roulions en auto vers cinq heures du matin pour écouter les derniers enregistrements studio de la soirée.

L'un de mes faits saillants de ce séjour à Vancouver fut lorsque je me suis retrouvé dans un tout petit studio où toutes les chansons du célèbre album *Slippery When Wet* de Bon Jovi avaient été enregistrées. Je ne pouvais pas croire que j'avais les deux pieds en plein dans *Dead or Alive*, l'une de mes chansons préférées à vie. Ce fut d'ailleurs le premier vrai spectacle rock auquel j'ai assisté vers dix-sept ans. Cet ancien studio d'enregistrement était alors devenu un petit local de répétition pour musiciens.

J'ai toujours bien aimé penser aux personnages importants qui ont foulé le sol exactement aux mêmes endroits que moi dans l'histoire. Ça me rappelle le soir où je dormais au studio de Morin-Heights et où je prenais conscience que j'étais couché exactement dans le même lit où Sting avait lui-même déjà dormi. Quand même particulier comme pensée.

J'ai vécu un certain stress lorsque nous avons repris l'avion en direction de Montréal et que je portais dans mes valises toutes les bobines d'enregistrements finaux. Je n'ose pas imaginer ce qui serait arrivé si j'avais perdu ou endommagé l'une de ces bobines. Quel cauchemar cela aurait été ! J'avais presque l'impression de transporter des documents ultrasecrets de la CIA destinés au président des États-Unis. Je craignais même de quitter mon siège pour aller aux toilettes quelques minutes.

De retour à Montréal, bobines saines et sauves en main, j'ai ressenti un très grand sentiment d'accomplissement quelques mois plus tard, le jour du fameux lancement de l'album *Grand parleur, petit faiseur* organisé directement sur la terrasse du mont Royal surplombant Montréal. Une grande scène avait été érigée sur laquelle Kevin joua pour la première fois en public quelques nouveaux titres de l'album.

À la suite de l'immense succès de l'album *Pigeon d'argile*, Kevin faisait face à une très grande pression. Ce deuxième album était très attendu et fut heureusement aussi bien reçu par la critique et le grand public que son premier. Défi relevé. J'étais très soulagé, surtout très content pour Kevin. L'astronaute Julie Payette avait même emporté l'album dans l'espace lors de l'une de ses missions. Que demander de plus ?

Le Gaspésien était devenu un ami très proche. On s'entendait très bien. Je me souviens du soir après son premier passage aux Francofolies où il a dû dormir sur mon divan de l'avenue du Parc, car il avait perdu ses clés d'appartement. Le lendemain matin, une photo de lui lors de ce spectacle se trouvait en première page du *Journal de Montréal*. Assez surprenant comme réveil.

Il nous rendit bien la pareille lorsqu'il nous hébergea à son tour chez lui, Marjolaine et moi, le premier soir de la fameuse crise du verglas. Nous n'avions évidemment aucune idée à ce moment que cet événement durerait aussi longtemps. Curieusement, ce fut probablement ma semaine préférée de mon séjour à Montréal.

C'était assez particulier de voir régulièrement des militaires un peu partout dans les rues. Ma copine et moi avons passé la semaine à nous promener avec nos sacs à dos d'appart en appart à la recherche des très rares endroits qui avaient encore et exceptionnellement de l'électricité et où il y avait un peu de chaleur pour survivre.

Kevin et moi partagions également un grand intérêt pour la nature, la chasse et la pêche. Cela me mène à l'un de mes plus beaux souvenirs et aussi à l'un de mes plus grands regrets. Je m'explique. Parmi mes plus beaux souvenirs figurent nos quelques parties de chasse à l'orignal dans la réserve faunique de Matane, dont une avec Roch Voisine. Roch était beaucoup plus expérimenté en la matière que je ne l'aurais cru. Il savait très bien comment dépecer un orignal.

Et l'un de mes plus grands regrets à ce jour fut la fois où j'ai décliné une invitation de Kevin à une partie de pêche au saumon en hélicoptère. C'était l'un de mes plus grands rêves, mais à cette époque, j'avais cru bon de décliner l'invitation, car je ne voulais pas être favorisé par rapport à mes collègues de travail en profitant d'une semaine de congé de plus qu'eux.

Erreur. J'aurais dû chercher une solution pour compenser le privilège, car presque quinze ans plus tard, je n'ai toujours pas pêché mon premier saumon à vie. Avec le recul, je regrette tellement de ne pas avoir saisi cette chance. Encore aujourd'hui, c'est l'un de mes rêves de pêcher un saumon en rivière avant de mourir.

Marie-Chantal Toupin

J'eus également le privilège de participer activement par la suite au lancement des carrières de Marie-Chantal Toupin, de Nicola Ciccone, d'Annie Brocoli et de Jorane. L'entreprise allait très bien et remporta même à deux reprises le Félix du producteur de disques de l'année décerné par les gens de l'industrie lors des galas hors d'ondes de l'ADISQ au Medley ainsi qu'au Spectrum, deux salles de spectacle de Montréal.

C'était toujours très satisfaisant comme sensation de participer à l'ascension de ces artistes, de les voir passer de parfaits inconnus à personnalités publiques, de les voir naître, grandir et devenir appréciés du grand public. J'assistai à tous leurs premiers pas dans l'industrie, à leur premier contrat de disque, à leur première entrevue, à leur première prestation sur scène, etc.

Je me rappelle encore la première fois que j'ai rencontré Marie-Chantal Toupin. C'était dans un petit bar de Longueuil où j'étais allé écouter une nouvelle artiste potentielle en compagnie de Luc Plamondon, d'Aldo Nova et de Donald K. Donald. Ce soir-là, Marie-Chantal jouait au billard et nous avons fait connaissance un peu par hasard. Pierre Paradis, un ami commun, devint son gérant et, quelques semaines plus tard, Tacca Musique a offert un contrat de disque à Marie-Chantal. Eduardo Da Costa prit plus tard la place de Pierre et fit un excellent travail.

Et que dire de la très grande polémique que j'avais provoquée avec le fameux panneau de Marie-Chantal sur le pont Jacques-Cartier ? Quelle aventure ! La publicité montrait Marie-Chantal habillée simplement d'une camisole blanche avec, écrit en gros, le titre de sa nouvelle chanson, *Regarde-moi droit dans les yeux !* C'est l'allusion du titre à ses formes qui toucha la corde sensible de la population. Facilement excitables, ces Québécois !

Plusieurs semaines plus tard, j'appris que Wonderbra avait déjà diffusé auparavant une publicité en France avec exactement le même titre et une image beaucoup plus révélatrice et directe que celle de Marie-Chantal. Cette publicité de Wonderbra n'avait jamais suscité une controverse comme celle de la chanteuse. Les Français en ont vu d'autres et ne sont probablement pas aussi susceptibles que nous côté sexualité. Je n'avais jamais eu connaissance de cette publicité européenne et il ne s'agissait évidemment que d'un pur hasard.

Curieusement, le panneau avait été affiché durant seulement quatre jours, pas plus. Plusieurs ont encore l'impression que cette pub a été affichée pendant plusieurs semaines. Le but était précisément de susciter la controverse pour attirer un maximum d'attention médiatique. Nous savions que Marie-Chantal pourrait démontrer par la suite qu'elle savait très bien chanter. Les vitrines promotionnelles de *Star Académie* et de *La Voix* n'existaient pas à ce moment. Nous avions donc opté pour ce mal nécessaire afin de provoquer la curiosité et l'intérêt. Objectif atteint.

Dès le premier jour d'affichage, le bulletin de nouvelles de TQS me recevait en entrevue afin de connaître mon avis sur le danger potentiel du manque de concentration des automobilistes qui regardaient le panneau. Le journaliste croyait que celui-ci pourrait devenir la cause de plusieurs accidents. J'ai toujours cru qu'une publicité avait comme seul et unique objectif d'être vue et non de passer inaperçue. C'est bizarre, mais je suis comme ça. Si c'était trop dangereux, le ministère des Transports n'avait qu'à interdire l'affichage, tout simplement. Ce n'était quand même pas ma responsabilité.

Le panneau devint le *talk of the town*[11], tous les animateurs radio en parlèrent dès le premier jour. Les auditeurs appelaient même en ondes pour dire qu'ils n'empruntaient désormais plus le pont Champlain, mais bien le pont Jacques-Cartier seulement pour voir l'affiche.

Le jeudi matin de la longue fin de semaine de Pâques 1999, un ami m'appela pour me dire qu'il venait de passer sur le pont pour voir mon panneau, mais que celui-ci n'y était plus. Je ne comprenais pas du tout, car j'avais réservé l'espace pour un mois complet et ça ne faisait que quatre jours qu'il était affiché.

Je découvris quelques heures plus tard qu'il avait été arraché illégalement par de quelconques offusqués qui menaçaient de mettre le feu à l'édifice si nous réaffichions le panneau. La police s'en était même mêlée et c'est à partir

11. Sujet de l'heure.

de ce jour-là que ça fit boule de neige. Plus d'un million de visiteurs surfèrent sur le site Web de Marie-Chantal en quelques jours.

Je tiens également à rappeler qu'il ne s'agissait pas d'une campagne comprenant plusieurs panneaux, mais un seul et unique qui battit tous les records d'affichage dans l'histoire du Québec. Aucun autre panneau d'affichage ni aucune campagne de plusieurs panneaux n'ont encore réussi pareille couverture à ce jour.

Tous les médias en parlaient, même dans le reste du Canada ainsi qu'à l'extérieur du pays. Le *Miami Herald*[12] avait même fait paraître un article et une photo du fameux panneau d'affichage qui faisait tant parler au Canada. Le magazine *Infopresse*, spécialisé en communication et en marketing, avait même classé cet unique panneau dans son édition de l'été 1999 comme deuxième campagne de publicité la plus vue au Québec, toutes catégories de médias confondues. Ce panneau, qui n'avait coûté que 15 000 $, avait obtenu, à lui seul, plus de retombées médiatiques que les campagnes publicitaires de Volkswagen avec Jacques Villeneuve, GAP, Vidéotron, les pharmacies Jean Coutu, McDonald's et plusieurs autres marques internationales qui avaient, quant à elles, investi des millions de dollars à la télé, à la radio, dans les journaux, etc. Petite économie !

Que l'on ait été pour ou contre ce panneau, il n'en demeure pas moins que c'est ce qui fit connaître définitivement Marie-Chantal et la fit passer, en quatre jours seulement, de parfaite inconnue à plus grand sujet de conversation partout au Québec, et ce, sans *Star Académie* ou *La Voix*. Nous étions véritablement dans l'œil de la

12. Quotidien américain.

tempête et Marie sut très bien tenir le coup. Eduardo, son gérant, avoua ce qui suit dans une entrevue accordée au *Journal de Montréal*, en mai 2008 : « Cette publicité avait été un excellent coup pour la carrière de Marie-Chantal. C'est avec ça que tout a commencé ! »

Nous connaissons tous la suite de sa belle histoire et de son succès. Quelque temps plus tard, j'étais vraiment fier d'elle lors d'un spectacle qu'elle présenta au Centre Bell (amphithéâtre de 20 000 places). Aujourd'hui, l'histoire de ce panneau célèbre est même encore sujette à des cas d'étude en marketing dans certaines universités.

Annie Brocoli

Je me souviens également très bien des débuts d'Annie Brocoli. Mon patron, Mark, et moi étions toujours en réflexion à savoir si nous allions lui offrir un contrat de disque. Annie était serveuse à Saint-Hyacinthe et rêvait de devenir une chanteuse pour enfants. Elle nous faisait régulièrement écouter des chansons qu'elle avait écrites avec son conjoint et père de ses enfants, Jeff Munger.

Comme il était toujours beaucoup plus convaincant pour nous de voir l'artiste sur scène avant d'investir des milliers de dollars en production, Mark lui suggéra de nous inviter à l'un de ses spectacles. Il faut dire qu'à cette époque, nous n'avions encore jamais produit un artiste pour enfants et nous n'avions aucune expérience dans ce domaine. La seule personne qui était connue dans ce créneau à l'époque était Carmen Campagne.

Annie prit donc ce conseil au pied de la lettre et organisa elle-même son premier spectacle dans un parc de Saint-Hyacinthe en louant des autobus scolaires et en invitant des garderies à son spectacle. En réalité, elle avait organisé ce premier spectacle extérieur seulement pour Mark et moi. Annie remporta son pari, car c'est ce jour que nous avons été témoins de sa passion évidente et de l'attraction qu'avaient les enfants pour elle. C'est quelques jours plus tard que nous lui avons offert son premier contrat de disque !

L'histoire d'Annie est en fait un très bel exemple de changement de cap et de prise de risque. Elle avait consciemment décidé de quitter sa zone de confort pour suivre son « pif ». Son instinct et son intuition lui avaient révélé que son avenir serait plus prometteur non pas comme serveuse, mais comme chanteuse pour enfants, bien que ce ne soit pas très commun et que ce soit très hors norme comme choix de carrière. Elle eut le courage de suivre son cœur sans se laisser influencer par les statistiques officielles des domaines d'avenir ou encore par la rareté d'autres modèles à suivre qui vivaient de ce même métier. Je serais curieux de savoir à quel rang dans la liste des domaines d'avenir se retrouve le métier de chanteuse pour enfants. Heureusement, Annie n'a pas attendu qu'un conseiller en orientation lui propose ce choix de carrière, car elle aurait probablement attendu très longtemps.

Elle n'eut besoin que d'une seule porte ouverte et elle y mit le pied. Je ne crois pas non plus que l'absence d'un fonds de retraite pour chanteuse pour enfants l'en ait empêché. Elle sut seulement suivre sa voie sans avoir peur de l'avenir. Encore aujourd'hui, Annie ne semble pas trop s'ennuyer de son ancienne vie malgré tout le stress et les inconvénients que son changement de carrière lui a probablement apportés à ses débuts et lors de sa période de transition.

Recrutement

Durant cette période, rien ne laissait présager un changement majeur dans ma vie ou ma carrière. J'étais comme un poisson dans l'eau. J'adorais ce que je faisais. Aucun signe d'insatisfaction particulière ou de désir de changement n'avait fait son apparition. J'étais encore stimulé par plusieurs aspects de mon premier vrai métier.

L'un des aspects que j'aimais bien était celui de recruteur de nouveaux talents, semblable à un dépisteur au hockey. Parfois, nous avons repêché des recrues qui ne percèrent jamais et parfois nous avons passé notre tour devant des talents que nous aurions dû signer. Je ne connais encore personne qui a un score parfait en la matière.

Je me souviens encore d'Ariane Moffatt (chanteuse québécoise) à l'époque où elle était serveuse dans une pizzéria. J'allais la voir s'exercer dans un petit local d'un sous-sol près de la rue Saint-Denis avec sa sœur avocate qui s'occupait d'elle à ce moment. Elle débutait et ne demandait pas mieux qu'on lui offre un contrat de disque. Je n'avais malheureusement pas su voir en elle la graine de *star* montante. Eh oui, malheureusement, cela arrive parfois !

Peut-être ne m'avait-elle pas fait entendre ses premiers *hits* non plus. Je ne me souviens pas de ça en détail. Par contre, dans le cas de Daniel Boucher (chanteur québécois), la graine de *star* était évidente, mais les négociations achoppèrent et il signa finalement avec un autre producteur.

Nous avions également travaillé avec d'autres nouveaux talents qui ne réussirent pas à percer au Québec, dont Chad Richardson et Diane DeVito. D'autres connurent parfois, malgré ce que l'on espérait, des carrières plus courtes, comme les rappeurs 2 Faces et Onze de La Constellation et du groupe hip-hop 83. Par contre, ces rappeurs réussirent quand même à obtenir un certain *buzz*[13] dans le marché.

Chad avait également réussi à décrocher à l'époque le premier rôle dans la version canadienne de *RENT*, une comédie musicale très connue sur Broadway. Bien que certains artistes n'aient pas connu les carrières espérées, j'en garde de précieuses anecdotes.

La première fut lorsque j'accompagnai Chad aux États-Unis alors qu'il avait été choisi pour chanter l'hymne national lors d'une partie de football américain entre les Bills de Buffalo et les Patriotes de la Nouvelle-Angleterre, et ce, devant 70 000 personnes. J'étais moi-même sur la ligne de terrain avec tous les joueurs des Bills afin de pouvoir filmer Chad avec ma caméra. Quand je pense que je poussais certains joueurs des Bills avec mon bras pour les empêcher de se mettre dans mon champ de caméra. Du gros blocage, comme on dit au football !

Une autre anecdote s'est produite avec Diane DeVito alors que je l'accompagnais chez Luc Plamondon dans Outremont et où elle devait auditionner devant lui et Richard Cocciante. C'était pour un rôle dans une future comédie musicale. Pendant que Diane chantait au salon accompagnée de M. Cocciante au piano, Luc me montrait son cahier de paroles de cette future comédie musicale.

En feuilletant tout bonnement son cahier de textes, je discutais avec le célèbre parolier de ce fameux projet. Les comédies musicales n'étant vraiment pas mon style, je me souviens encore très bien de lui avoir dit d'un ton poli et

13. Engouement.

plus ou moins intéressé : « Ça a l'air bien. C'est *cool*. Bonne chance avec cette comédie musicale ! » Il s'agissait du mégasuccès *Notre-Dame de Paris*. Avoir su, je l'aurais lu avec beaucoup plus d'attention.

D'autres anecdotes

Faisant partie d'une entreprise bilingue et ayant des productions autant québécoises et francophones qu'internationales, je croisais régulièrement les acteurs de ces deux industries parallèles.

Du côté francophone, je me souviens, entre autres, de deux anecdotes avec René Angélil, gérant de Céline Dion, et Guy Cloutier, producteur de disque très connu au Québec. Un jour, René Angélil nous avait donné un séminaire dans lequel il nous avoua avoir plus de respect pour le gérant des Beatles que pour celui d'Elvis Presley, le colonel Parker, considérant ce dernier en bonne partie comme responsable de la chute aux enfers d'Elvis.

En fait, René considérait que M. Parker avait fait une grosse erreur en « stationnant » la *star* à Las Vegas pour une importante période. Il jugeait que cette trop longue phase dans cette ville lui avait probablement enlevé tout désir de progresser, d'avancer et le fit sombrer dans l'ennui de sa zone de confort. Quelques années plus tard, René Angélil « installa » lui-même Céline Dion à Vegas pour plusieurs années. J'avoue avoir été surpris en entendant la nouvelle. Mais bon, il devait sûrement avoir ses raisons. La preuve qu'il n'y a que les fous qui ne changent pas d'idée !

L'anecdote avec Guy Cloutier fut lorsque je le rencontrai avec sa collaboratrice, Claudine Bachand, dans son bureau, au coin de Saint-Laurent et de Mont-Royal, afin de lui présenter mon concept d'émission de télé : *Une carrière à l'heure*. Je lui expliquais mon concept de *téléréalité* alors que ce mot n'existait même pas encore. C'est beaucoup plus tard que la première émission de téléréalité a fait son apparition.

La seule émission qui se rapprochait le plus de la téléréalité à l'époque était *Pignon sur rue*, diffusée à Télé-Québec. Je connaissais bien cette émission, car c'était justement Kevin Parent qui en avait composé la chanson thème.

M. Cloutier me parut fort enjoué et très sympathique lors de notre rencontre. Il me fit un peu penser à Donald. Après avoir discuté de mon concept, il tint à me faire entendre des chansons de l'une de ses futures productions, le volume « dans le tapis ». Il tapait du pied, frappait sur ses genoux et chantait la chanson, tout aussi excité que s'il venait de l'écrire lui-même. Il me parut encore très passionné par son travail. C'est en quittant son bureau qu'il me présenta sa fille, Véronique, vedette québécoise de la télévision, arrivée par hasard, et que je la rencontrai pour la première fois.

Du côté anglophone, je conserve d'excellents souvenirs de ma bière avec Alannah Myles et Sass Jordan lors du *party* d'après JUNO (version canadienne des Grammy Awards) à Toronto ou de ma discussion avec la vedette américaine, The Rock, alors que je n'avais absolument aucune idée de qui il s'agissait. Je ne connaissais rien à la lutte et je ne faisais qu'accompagner les deux rappeurs de notre écurie, 2 Faces et Onze, qui allaient faire une courte prestation dans le ring de la WWF[14] juste avant les combats de lutte au Centre Bell. L'un d'eux me dit alors :

— Dan ! *Man*, tu parlais à The Rock !

— Ah ouin ? ! *Cool*. C'est qui, ça, au juste ? répondis-je.

— Dan, t'es vraiment inconscient !

Effectivement, je n'étais pas du tout conscient de qui était The Rock. Je n'avais même jamais entendu son nom de toute ma vie. C'est la semaine suivante que je compris un peu plus l'ampleur de cette méga*star* lorsque je vis un reportage à la télé américaine qui titrait : « The Rock soutiendra Al Gore dans sa campagne pour la présidence américaine ! » Encore aujourd'hui, ça me fait rire quand je vois toutes les bandes annonces de ses nombreux films et que je réalise toujours un peu plus l'ampleur du personnage.

Une autre anecdote du genre fut ma discussion dans les coulisses avec un sympathique camionneur de la tournée du groupe américain KISS quelques heures avant son spectacle. Il était très imposant physiquement et portait les cheveux longs sous sa casquette de camionneur. Je discutais déjà depuis un bout de temps avec lui. Il semblait déjà très bien connaître Donald qui était également avec moi. À un certain moment, le camionneur me quitta et entra dans un petit local.

Quelle ne fut pas ma surprise lorsque celui-ci ressortit de la pièce maquillé et déguisé en Gene Simmons de KISS avec Paul Stanley à ses côtés ! Le camionneur était en fait le

14. World Wrestling Federation.

célèbre membre du groupe, mais sans maquillage. Il me salua comme si l'on se connaissait bien. Et moi qui croyais être en train de parler à l'un des camionneurs de la tournée. Il devait certainement trouver mes questions sur son camion assez étranges.

Je dois préciser qu'à cette époque, l'émission de téléréalité sur la vie de Gene Simmons n'existait pas encore sur les ondes de MTV et que je n'avais absolument aucune idée de ce à quoi il ressemblait sans maquillage. La leçon que j'ai tirée de mes discussions avec The Rock et Gene Simmons est la suivante : on ne sait jamais vraiment à qui l'on parle ! Tenez-vous-le pour dit.

Dans la cour arrière, chez mes parents, à L'Ancienne-Lorette, avec Kevin et mon père Raynald.

Dans les coulisses du party d'après-gala de l'ADISQ au Centre Bell. Je suis derrière Kevin qui venait de remporter quatre Félix. Je suis en compagnie de ses deux musiciens, Ian et Michel, ainsi que de Marie-Hélène, sa copine de l'époque.

Sur le terrain des Bills de Buffalo avec notre nouveau protégé, Chad Richardson, qui chantait l'hymne national devant une foule de 70000 personnes avant une partie contre les Patriotes de la Nouvelle-Angleterre.

Lors de la chasse à l'orignal avec Kevin, Roch Voisine et des amis. Une belle prise dans la réserve de Matane !

Avec mon idole, Donald K. Donald, Kevin et Bernard Y. Caza, le gérant de Kevin, à l'époque, également propriétaire du Vieux Clocher de Magog (salle de spectacles).

Chez mon amie, Annie Brocoli, qui a eu la gentillesse de m'héberger chez elle, à Rougemont, lors de l'une de mes courses de motocross.

Avec Marie-Chantal Toupin et l'auteur-compositeur, Claude Sénécal, lors d'une remise de prix de la Société des auteurs, compositeurs et éditeurs de musique au Canada (SOCAN) dans un hôtel de Montréal. Les Éditions Daniel Blouin remportaient un prix pour la chanson la plus populaire de l'année : *Naître*.

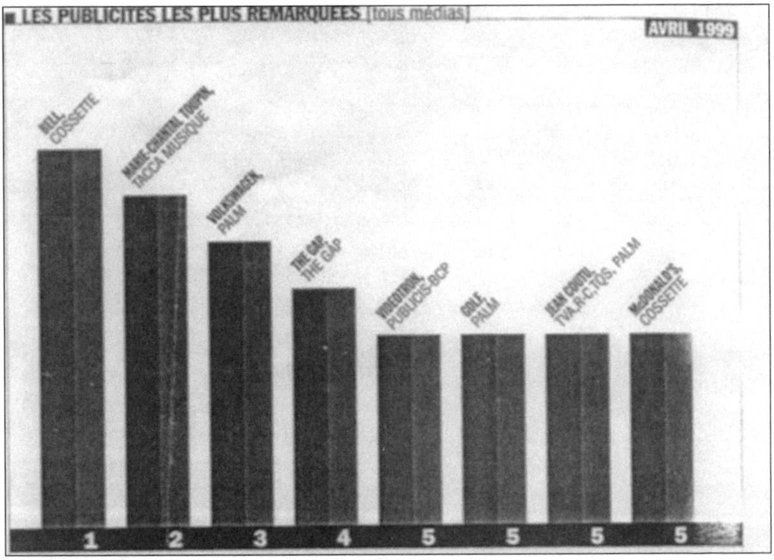

Magazine *Infopresse*, 1999.

dominance

Christine Melançon

Ce s

UNE FEMME ET UN HOMME

C'est la première fois qu'une publicité personnelle apparaît dans le tableau des publicités les plus remarquées et l'exploit revient à Marie-Chantal Toupin, une chanteuse jusqu'à maintenant inconnue. Grâce à son panneau à la sortie du pont Jacques-Cartier, elle se classe en deuxième place. Le premier rang est encore détenu par Bell et ce, depuis plus de cinq ans.

L'association de Jacques Villeneuve à la Volkswagen Golf aura quand même permis à l'annonceur de prendre la troisième position en dépit du bruit publicitaire entourant l'affiche de Marie-Chantal Toupin. Faut-il y lire que les atouts de cette dernière sont plus vendeurs? Le score de Mme Toupin en affichage dépasse même le record enregistré par McDonald's l'an dernier.

Pétro-Canada est non seulement l'annonceur le plus remarqué à la radio pour un sixième mois consécutif, mais il se taille une place respectable parmi les publicités préférées pour une deuxième fois grâce aux personnages de François Pérusse. C'est d'ailleurs la première fois qu'une campagne radio

« MARIE-CHANTAL TOUPIN ÉTABLIT UN NOUVEAU RECORD EN AFFICHAGE. »

Magazine *Infopresse*, 1999.

De 1994 à 1999, je peux dire que j'ai vraiment vécu à fond la vie montréalaise, Plateau[15], *nightlife*[16], *show-business*, petit *jet-set* québécois, etc. Marjolaine et moi en avons profité amplement. À cette époque, j'avais évidemment accès gratuitement à tous les spectacles que Donald produisait dans l'ancien Forum, le nouveau Centre Bell et le stade olympique.

15. Quartier branché de Montréal.
16. Vie nocturne.

J'assistais à chacun des galas de l'ADISQ ainsi qu'à plusieurs remises de JUNO[17] en Ontario. Je blaguais avec mes amis en disant que je m'appelais maintenant « Daniel K. Daniel », mais que, dans mon cas, le « K » faisait référence à ma splendide Aries K noire et non à *King*, contrairement à Donald.

Marjolaine avait réussi entre-temps à obtenir un poste permanent comme enseignante en mathématiques dans une commission scolaire de Laval, ce qui était, et est même encore aujourd'hui, très difficile à obtenir.

Chaque fin de semaine, nous avions un urgent besoin de nous sauver de Montréal, que ce soit en Estrie ou dans les Laurentides, en fait, n'importe où, à condition d'avoir de l'espace et de voir un peu de nature. C'était rendu que j'étais presque ému de voir un peu de gazon vert. Notre manque de nature était devenu un peu pathétique. Nous désirions continuellement quitter la ville.

Le 16 avril 1999, nous avons eu le bonheur d'accueillir notre premier enfant. Notre petite fille, Noémie, dans sa couchette collée sur notre sécheuse de la rue Saint-Joseph, faisait maintenant partie de nos vies. Ma vie d'adulte commençait pour vrai !

Nous avons commencé à considérer l'option d'acheter une maison dans la région de Montréal. Après avoir fait le tour des dizaines d'options de quartiers : sur l'île, la Rive-Sud, la Rive-Nord, etc., nous avions finalement arrêté notre choix sur Rosemère. Nous y visitions régulièrement des maisons, mais nous ne « le sentions pas ». Rien ne collait.

17. Les prix Juno, créés en 1970, sont des prix remis annuellement par le CARAS à des artistes canadiens œuvrant dans la musique.

Nous ne réussissions jamais à trouver chaussure à notre pied. Trop cher, trop petit, trop de réparations. Il y avait toujours un aspect négatif auquel nous n'étions pas prêts à céder. Nous n'avions donc jamais de coup de cœur.

En fait, Rosemère était le compromis que nous étions prêts à faire. Pas directement en ville, mais avec de la verdure et pas trop loin du centre-ville où je travaillais. Idéalement, nous aurions aimé vivre encore plus au nord, dans les Laurentides. Nous aurions préféré un milieu davantage dans la nature et plus d'espace. Mais bon. Nous n'étions pas prêts à vivre les heures infernales de trafic. Il fallait donc mettre de l'eau dans notre vin et ne pas avoir exactement ce que nous voulions. Nous visions donc le « demi-heureux ».

Le début de la fin

Vers la fin de notre chapitre « Montréal », même si je n'envisageais pas du tout de changer d'emploi, je sentais que j'avais déjà vécu ce que j'avais à vivre dans le domaine à Montréal et que la suite ne serait que du copier-coller. Le « tout nouveau, tout beau » était bel et bien passé. Mon excitation des premières années avait complètement disparu.

Bien que le *show-business* puisse sembler très attrayant vu de l'extérieur, il n'en demeure pas moins que mon travail était devenu comme un autre. Je connaissais trop les dessous de l'industrie et tous ses aspects pour être encore émerveillé par celle-ci.

Je ne voyais pas non plus comment je pourrais un jour revivre une période plus exaltante que celle de l'ascension impressionnante de Kevin Parent à l'époque, ce qui, par ailleurs, ne s'est jamais vraiment reproduit depuis en ce qui concerne les records de ventes de ses deux premiers albums. En fait, j'étais devenu vraiment blasé. Plus rien dans le domaine ne m'allumait. J'avais fait le tour et je commençais à sentir un très grand désintéressement général et une certaine fatigue. J'avais l'impression d'avoir vécu le maximum d'excitation et de nouveautés à l'échelle québécoise dans le domaine du spectacle ou du disque. Par ailleurs, des défis ou des visées hors frontières ne m'excitaient pas plus.

Je n'avais tout simplement plus la flamme pour mon travail ni pour le domaine et j'avais de plus en plus un sentiment grandissant d'insatisfaction. Je ressentais les impressions suivantes :

- avoir fait le tour ;
- manquer d'intérêt ;
- aller travailler à contrecœur ;
- ne plus avoir le goût d'avancer ou de « développer » ;
- ne pas voir le jour où la motivation reviendrait ;
- ne plus avoir la satisfaction d'antan du devoir accompli ou du travail bien fait ;
- *Been there, Done that*[18] ;
- « Ce que je fais n'a plus de sens » ;
- « Je suis fatigué de m'entendre dire, dans ma tête, que je suis tanné ».

Et régulièrement, je me posais des questions du genre :

18. Situation déjà connue et expérimentée.

- « Suis-je encore vraiment passionné par ce que je fais ? » ;
- « Suis-je encore vraiment à ma place ? » ;
- « Ai-je envie de continuer à faire ça toute ma vie ? » ;
- « Je fais tout cela pour que ça me mène vers quoi, exactement ? » ;
- « Est-ce que je veux vraiment vivre à Montréal toute ma vie ? ».

Toutes ces pensées et ces interrogations étaient apparues sans que j'en sois trop conscient. Ce n'est pas arrivé du jour au lendemain ou par un quelconque élément déclencheur précis. Mon malaise avait grandi petit à petit, de façon insidieuse, pendant quelques mois. C'était la première fois de ma vie que je ressentais ce sentiment de désintéressement assez majeur. Plus rien ne me tenait à cœur. Et cela n'était pas normal considérant ma nature passionnée. Ça m'inquiétait.

Je ne pouvais pas vraiment mettre le doigt sur le « bobo ». Traversais-je un *burnout*[19] ou n'étais-je simplement plus à ma place ? À l'époque, je ne pouvais le dire. Par contre, j'étais pleinement conscient que mon travail était devenu un fardeau et que je n'avais plus du tout de plaisir. Avec le recul, je me rappelle que je respirais mal à cette époque précise. Je croyais même faire un peu d'asthme. Bien longtemps après, j'ai réalisé que je n'avais aucune difficulté respiratoire. Mon problème était seulement entre les deux oreilles.

Je me disais que je devais seulement être très fatigué ou dans une mauvaise passe, que ma motivation reviendrait

19. Dépression.

assurément un jour, qu'il ne fallait qu'être patient et rester positif. Il m'était effectivement très « épeurant » de m'avouer que le cœur n'y était plus du tout et de l'assumer. De toute façon, je ferais quoi d'autre ?

Rien ne me venait en tête. À elle seule, cette idée me donnait l'impression d'avoir les deux pieds au-dessus d'un précipice. Valait mieux me concentrer sur autre chose et étouffer un peu cette idée. C'était beaucoup moins compliqué ainsi. Je ne me souviens pas de m'être plaint souvent de mon état d'âme à mon entourage. Je gardais le cap et j'avalais ma pilule.

Depuis mon déménagement à Montréal, j'avais toujours pensé que j'y serais pour le reste de ma vie. De plus, je n'avais jamais vraiment envisagé autre chose qu'être producteur de disques. Je croyais que ma voie était toute tracée et que je devais la suivre coûte que coûte. Je n'étais quand même pas venu à Montréal et je n'avais pas pris tous ces risques pour rien, pensais-je. De plus, je considérais que j'étais fort privilégié de faire partie de la plus belle entreprise dans le domaine. Alors, pourquoi donc me plaindre ? N'étais-je pas capable de seulement apprécier ma situation et de rester positif ?

Je croyais naturel et normal d'avoir étudié dans un domaine et d'y travailler jusqu'à ma retraite. J'étais dans le schéma suivant : un domaine d'études, un travail, une retraite et « bonsoir, il est parti » ! Surtout qu'en plus, tout allait très bien à Tacca Musique. Je ne sais pas vraiment pourquoi je pensais ainsi. Ce n'était probablement qu'un schéma social bien ancré dans mon subconscient. Je ne croyais même pas à ce moment qu'il était possible d'avoir plusieurs carrières complètement différentes dans une vie. Ce n'était donc pas vraiment une option envisageable.

Avec le recul, je peux affirmer qu'il ne s'agissait pas seulement d'une mauvaise période ou d'une quelconque attitude négative. Je n'étais tout simplement plus dans ma voie et un acharnement trop positif n'aurait simplement qu'étiré inutilement la durée de mon malaise grandissant. Mon insatisfaction me parlait. Par chance, j'en pris conscience et je l'assumai en temps voulu.

C'est alors qu'une visite de courtoisie chez nos parents à Québec changea le cours des événements et transforma nos vies.

Une autre sortie de zone m'attendait sans même le savoir !

Je reviens vivre à Québec

Fin septembre 1999. Marjolaine, Noémie et moi, nous nous préparions à visiter nos parents à Québec. Avant de partir, j'effectuai par simple curiosité une petite recherche Internet sur les maisons à vendre dans la région de Québec afin de les comparer un peu à celles du marché de Montréal, que nous commencions à bien connaître.

Je fus automatiquement surpris de constater que plusieurs maisons du marché de Québec correspondaient précisément à ce que nous recherchions et, qu'en plus, leur prix était fort raisonnable. À cette époque, personne ne parlait encore d'une augmentation marquée du prix des maisons.

Sans trop le savoir, disons que nous étions dans une très bonne période pour les acheteurs et que nous n'avions aucune idée, tout comme personne à l'époque, que les prix exploseraient quelques mois plus tard. Nous réalisions donc qu'à Québec, il était possible de vivre en pleine nature, à seulement quelques minutes du centre-ville, et ce, tout en respectant notre budget.

Même si nous n'avions aucunement l'intention de revenir à Québec à cette époque, je proposai à ma blonde de prendre rendez-vous avec l'agente immobilière, seulement par curiosité, sans aucune intention réelle d'acheter une maison.

Arrivés à Lac-Beauport, à dix minutes de Québec, nous avons mis les pieds dans la première maison des quelques-unes prévues à l'horaire de nos visites lors de cet après-midi très ensoleillé d'été indien. Bang ! Wow ! Coup de foudre ! Je m'en souviens comme si c'était hier. Marjolaine était assise sur le divan du salon en train d'allaiter Noémie pendant que je visitais le reste de la maison avec l'agente immobilière et mon père.

À cet instant même, nous savions ! Nous désirions plus que tout cette magnifique maison de style autrichien. Une vraie vie de chalet en pleine forêt, à seulement dix minutes du centre-ville de Québec. Nous qui rêvions de vivre idéalement dans les Laurentides au nord de Montréal, en pleine nature.

La municipalité de Lac-Beauport représentait exactement tout ce à quoi nous rêvions comme environnement et à seulement quelques minutes de ma ville natale, par surcroît. La forêt, le lac, les montagnes et la vue sur les pentes de ski du Relais. Déstabilisés, car n'ayant absolument pas prévu le coup, Marjolaine et moi, nous nous regardions, excités, tout en essayant de ne pas trop le laisser paraître à l'agente : stratégie de base en négociation !

Cet après-midi-là, nous avions visité quelques autres maisons du coin seulement pour la forme, car notre tête et surtout notre cœur étaient restés dans la première maison à l'instant même où nous en avions franchi le seuil.

Ce même après-midi, tous installés autour de la table de cuisine de notre maison coup de cœur, nous avons fait une offre d'achat, sous le regard incrédule de mon père. Nous n'avions aucunement prévu revenir à Québec. Nous ne faisions confiance qu'à notre pif. Uniquement.

Quelle décision complètement irrationnelle ! Sans logique. Aucune. En fait, toute logique ou réflexion rationnelle nous aurait assurément dicté de ne pas faire ça. Étions-nous devenus fous ? Aujourd'hui, nous savons que non. Nous étions seulement reliés directement à notre intuition et à notre voix intérieure.

De nombreux et de très bons arguments rationnels auraient tellement pu nous empêcher d'acheter cette maison à Québec sur un coup de tête et, en plus, avec prise de possession dans trente jours.

Premièrement, nous étions tous les deux obligés de démissionner en même temps de nos emplois respectifs à Montréal, sans pouvoir compter sur l'assurance chômage. Par contre, nous pouvions profiter de six mois de congé de maternité auquel Marjolaine avait encore droit à la suite de la naissance de Noémie.

Deuxièmement, Marjolaine avait déjà été extrêmement chanceuse d'obtenir un poste permanent dans une commission scolaire et elle serait donc obligée de recommencer à zéro à Québec.

Troisièmement, tout ce que je savais faire était de produire et de promouvoir des disques. Il n'y avait aucune industrie ou aucun emploi dans ce domaine à Québec.

Quatrièmement, je n'avais absolument aucune idée de ce que je voulais faire d'autre dans la vie. Je n'avais aucun plan et aucune aspiration précise.

Et, cerise sur le gâteau, nous étions nouvellement les parents d'un bébé de cinq mois.

Ça fait peur, hein ? Pourtant, nous étions quand même convaincus de notre décision, à ce jour jamais remise en doute. Le lundi suivant, nous annoncions donc à nos employeurs respectifs que nous venions d'acheter une maison et que nous retournions vivre à Québec, et ce, dans trente jours.

En apprenant la nouvelle, mon grand patron, Donald K. Donald, était venu me rencontrer personnellement pour me demander ce que je désirais et ce qui ferait mon affaire afin de revenir sur ma décision de quitter Montréal. Probablement s'attendait-il à ce qu'une augmentation de salaire puisse me faire changer d'idée, mais il se rendit compte rapidement que ma décision était prise, peu importe ce qu'il aurait de plus à offrir.

Je n'étais absolument pas en train de *bluffer* dans une stratégie de négociation salariale. Ce n'était vraiment plus une question d'argent. C'était seulement une question d'intuition et d'une tout autre priorité, celle de revenir vivre dans ma ville natale, celle de vivre là où mon cœur me disait d'aller. Ma carrière était devenue complètement secondaire et plus du tout pertinente à court terme. Mon avenir professionnel était devenu le dernier de mes soucis.

Encore aujourd'hui, sachant très bien que mon patron n'aurait jamais offert certains montants, je me demande à combien de centaines de milliers de dollars par année j'aurais eu à réfléchir quelques minutes de plus... pour finalement prendre la même décision au bout du compte, de toute façon. Je ne le saurai jamais et je suis très heureux de ne pas avoir eu à vivre cette tentation déchirante.

Je me souviens encore de mon père qui me soutenait, mais qui semblait très nerveux pour nous, et qui me demanda : « Sérieusement, Daniel, tu envisages de faire quoi, au juste, à Québec ? » Et moi, je lui répondis, le plus sérieusement du monde : « Je n'en ai absolument aucune idée ! Dans le pire des cas, je vais vendre de la drogue ! » Il riait jaune, car il ne savait pas trop si je blaguais ou non... et moi non plus, à vrai dire ! Ma priorité était maintenant de vivre à Québec, et au diable le reste !

Je me foutais éperdument de ce qui allait advenir de moi, car j'étais convaincu que nous prenions la bonne décision et que nous faisions le bon choix. J'étais persuadé que notre place était maintenant à Québec, peu importe ce qu'il adviendrait. Même si cela fait très cliché comme expression, je peux dire que je faisais vraiment « confiance à la vie ». J'étais certain que tout s'arrangerait éventuellement.

Je dois également préciser qu'à cette époque, la ville de Québec ne vivait pas du tout le vent d'optimisme d'aujourd'hui. Québec n'avait rien de particulièrement attrayant. L'atmosphère y était même plutôt très morose. L'ambiance positive qui se vit à présent n'avait pas encore commencé à se répandre dans la capitale nationale. Malgré cela, je savais pertinemment que ma place était désormais ici.

Nous sommes de retour

Ayant de la difficulté à y croire nous-mêmes, trente jours plus tard, nous emménagions dans notre première maison à Lac-Beauport. Surtout, nous revenions à Québec ! Je m'en souviens comme si c'était hier, car en ce 31 octobre 1999, c'était jour d'Halloween et, par surcroît, c'était la dernière fois où le gala de l'ADISQ était diffusé en direct de Québec, au Capitole.

Toute l'industrie du disque passait donc cette fin de semaine à Québec. J'en profitai donc pour inviter tous mes collègues de travail dans ma nouvelle maison, encore envahie de boîtes non déballées, en cet après-midi d'Halloween et cette journée de l'ADISQ 1999. Quel *timing* difficile à battre !

C'était pratiquement un scénario de film tellement la coïncidence était forte. J'allais passer ma toute dernière journée de travail officielle à Québec, dans ma maison, avec mon idole, Donald K. Donald, lui-même, en personne, et tous mes collègues de travail et amis.

Plus tard, des voisins m'ont fait beaucoup rire lorsqu'ils m'ont raconté que la limousine de Donald stationnée dans la rue avait lancé plusieurs rumeurs sur l'identité de leur nouveau voisin fraîchement emménagé dans ce cul-de-sac de Mont-Cervin.

Comme si ce n'était pas assez d'émotions pour moi en ce jour spécial et marquant, mes patrons, Mark Lazare et Donald, lors d'un discours très touchant, me firent l'honneur de me donner la statue du Félix de « producteur de l'année » que l'entreprise venait juste de remporter quelques jours auparavant lors du gala hors des ondes de l'industrie.

Ce trophée, qui plus est, avait été baptisé ainsi en hommage au père de mon ami Francis Leclerc, avec qui j'ai passé sept années d'études et que j'engageai même pour réaliser quelques-uns de ses premiers vidéoclips en carrière. Il trône encore aujourd'hui sur ma cheminée en tant que souvenir impérissable de mon chapitre de vie « Montréal ». Quelle autre coïncidence étrange !

Ce soir-là, j'assistai donc au gala de l'ADISQ en compagnie de mes collègues et j'en savourai chaque minute avant de faire définitivement le grand saut dans un avenir inconnu. Je laissais derrière moi le *show-business* et le *glamour* comme un serpent qui abandonne sa vieille peau derrière lui lors de sa mue. Je retournais dans l'ombre, loin derrière les projecteurs. Et ça me plaisait. J'étais bien.

Le lendemain matin, dans le hall d'entrée du Hilton où j'avais dormi après le gala, je saluai mon bon ami Kevin pour une dernière fois en tant que collègue officiel de travail. Il me dit alors : « Je suis certain que tu t'ennuieras et que tu reviendras. Mais bonne chance, *buddy* ! » En descendant les marches de l'escalier roulant du Hilton, je me rappelle qu'à cet instant précis, je me suis dit : « Advienne que pourra ! Que mon nouveau chapitre débute ! » J'étais très serein et je sentis même l'enivrement du débutant.

Parenthèse. Si vous avez la chance de mettre la main sur l'album *Les vents ont changé*, le troisième en carrière de Kevin Parent, vous pourrez entendre sa chanson intitulée *Daniel* qu'il a écrite en référence à mon deuxième saut dans le vide. Sinon, elle est également disponible sur iTunes pour seulement 99 cents.

Il l'avait initialement écrite pour exprimer un état d'âme personnel, mais il l'adapta au mien quelque temps plus tard. C'est pour cette raison que certaines paroles de la chanson correspondent davantage à la Gaspésie qu'à Lac-Beauport. Portez bien attention et vous pourrez même m'entendre jouer de la caisse claire à la fin de la chanson et vous entendrez Kevin rire parce que je déconnais en studio pendant l'enregistrement à Morin-Heights. À la fin de cette prise d'enregistrement que je n'avais pas du tout prise au sérieux, Kevin dit :

— C'est elle !

— C'est elle quoi ? dis-je.

— C'est cette prise que je garde pour l'album, répondit Kevin.

— Ben voyons, t'es ben con ! On nous entend déconner et rire pendant que tu chantes, on m'entend jouer de la caisse claire, et René (mon collègue de travail) parle à la fin !

Je n'ai jamais cru que Kevin était sérieux en disant cela et qu'il joindrait pour vrai cet enregistrement à l'album final. Mais il le fit. Au début et à la fin de l'enregistrement, il ajouta le bruit que font les grenouilles la nuit. Et aujourd'hui, lors des chaudes soirées d'été, chez moi, ce sont exactement ces sons que j'entends. Cette chanson ne peut être plus représentative. Fin de la parenthèse.

Période de transition

J'étais donc de retour dans ma ville natale. J'étais heureux et excité à l'idée de créer ma nouvelle vie, sans toutefois n'avoir aucun plan précis. La meilleure image que j'avais trouvée afin d'illustrer ce changement de vie, et surtout de milieu, était celle du *squeegee*[20] et de l'ours. Et c'était exactement cela. Sur la rue Saint-Joseph, où j'habitais, j'avais l'habitude de voir un *squeegee* devant chez moi. Maintenant, les visites de vrais ours sur mon terrain en plein jour étaient bien réelles. Vive les extrêmes !

Marjolaine amorça alors ses démarches pour dénicher un poste d'enseignante et, moi, je me mis à vivoter, acceptant par-ci par-là des mandats à la pige de promotion, entre autres, de mon ancien employeur lors de ses activités de marketing à Québec.

Je me remis donc à travailler petit à petit avec tous les mêmes artistes que je connaissais et avec qui j'étais heureux de collaborer de nouveau, mais dans un contexte différent, cette fois. Ce n'était aucunement prévu lors de mon déménagement, mais c'était un naturel qui faisait l'affaire de tous.

Je vécus ainsi plusieurs mois à titre de travailleur autonome. Je continuai également à gérer mon entreprise, Les Éditons Daniel Blouin Inc., que j'avais créée en 1998 alors que je travaillais à Tacca Musique. Je continuais entre autres d'assurer, à partir de Québec, la gestion du catalogue des droits appartenant à Marie-Chantal Toupin ainsi qu'à ceux d'Eduardo Da Costa, son manager. Nous avons même remporté à cette époque trois prix SOCAN (Société canadienne des auteurs, compositeurs et éditeurs de musique) pour la chanson populaire de l'année avec trois pièces de Marie-Chantal Toupin en 2005 et 2006.

20. Laveur de pare-brises itinérant.

Annie Brocoli fit aussi appel à mes services afin de négocier son premier contrat de disque que venait de lui offrir mon ancien employeur. Par le fait même, ça me rappelle la fois où j'étais parti en promotion avec Annie Brocoli au Saguenay et que je conduisais sa Coccinelle jaune affichant des lettres aux couleurs d'Annie. Disons que, dans ma vie, ce fut assurément mon moment le moins viril au volant d'une voiture.

Notre situation financière était très précaire, mais nous étions capables de boucler les fins de mois. Nous avions payé notre maison 90 000 $ dans laquelle nous avions investi 30 000 $ pris dans nos REER (régime enregistré d'épargne-retraite). À 28 ans, je n'avais donc aucune dette à part un prêt hypothécaire de 60 000 $, partagé avec ma conjointe, et une voiture très « usagée » déjà payée en argent comptant.

Nous avions toujours vécu modestement et à la hauteur de nos moyens, ce qui nous avait permis d'épargner et de souffler un peu. Ce petit coussin nous donna le temps de réaligner nos vies. Nos économies facilitèrent donc notre choix de changer de vie. Par contre, même sans ces épargnes, je suis convaincu que nous aurions quand même pris la même décision. Nous aurions simplement été un peu plus serrés. Autant mes économies m'avaient permis de partir pour Montréal sur un coup de tête et de travailler gratuitement il y avait quelques années déjà, autant elles nous facilitèrent la chose lors de notre retour à Québec.

Nous nous arrangions donc bien dans les circonstances et nous réussissions tant bien que mal à nous débrouiller. Nous ne roulions pas sur l'or, mais nous étions heureux. Par contre, je ne peux pas dire que le retour à Québec fut de tout repos à nos débuts. En fait, dans la liste officielle des facteurs les plus stressants dans une vie, nous en avions plusieurs en même temps :

- perte de nos emplois respectifs ;
- déménagement dans une autre ville ;
- achat d'une première maison ;
- lancement en affaires ;
- décès de la mère de Marjolaine ;
- deux autres naissances, soit trois enfants en bas âge.

Et tout ça dans une assez courte période, soit les trois premières années de notre retour à Québec. Nous avions un beau cocktail des plus grands stress. Assez difficile à battre. Avec le recul, je dois avouer que ça me donne mal à la tête seulement de lire cette liste. La vie est parfois bien faite, car à l'époque nous n'en étions pas trop conscients.

La création de Mercure Communication

À l'époque où je travaillais à Montréal et où je produisais plusieurs artistes, j'engageais toujours une boîte de communication locale lorsque nous avions des opérations de presse à Québec. Cette entreprise s'appelait Laforce Communication et c'est par elle que je fis la connaissance d'une employée, Marie-Andrée Houde, qui allait devenir ma future associée. La première fois que je la rencontrai fut lors du lancement de l'album de la violoncelliste Jorane à L'Autre Caserne, petite salle de spectacle dans Limoilou, à Québec.

Par un pur hasard, son patron de l'époque, Guy Laforce, passait de plus en plus de temps à Montréal et acceptait des mandats de production pour le groupe Juste pour rire. Guy, étant de plus en plus accaparé par ses nouveaux mandats, décida donc de déménager à Montréal de façon définitive. Bizarrement, nous faisions exactement le chemin en même temps, mais à l'inverse.

C'est alors que j'eus l'idée de proposer à Marie-Andrée une association et de créer une nouvelle boîte de communication. Nous avons donc acheté les parts de Guy dans l'entreprise et l'avons baptisée Mercure Communication quelques mois plus tard.

Marie-Andrée et moi avons fait un vrai acte de foi, car nous ne nous connaissions vraiment pas beaucoup. Nous prenions le risque d'unir nos forces et de faire confiance à l'avenir. Encore une fois, je suivis mon instinct et ce fut le début d'une très belle aventure qui dura douze années.

Je suis encore très reconnaissant envers Marie-Andrée de m'avoir fait confiance et d'avoir accepté de s'associer à moi sans me connaître davantage. Je remercie également le producteur de Québec, Michel Brazeau, qui facilita notre association en devenant notre premier client officiel.

Même si je connaissais déjà plusieurs facettes de l'industrie du disque, soit la production et la mise en marché d'albums de musique, je ne connaissais pas vraiment bien la vente de billets de spectacle et les différents aspects reliés au rôle d'un diffuseur local qui représentait la majorité de nos clients. De plus, j'avais toujours uniquement travaillé dans l'industrie de la musique et non dans celle de l'humour. Le monde de l'humour était donc complètement nouveau pour moi.

J'en appris énormément sur ces autres aspects de l'industrie. Ce qui me surprit le plus à mes débuts était que des gens puissent se précipiter dès les premiers jours d'une mise en vente pour acheter des billets de spectacle d'humoristes québécois, et ce, plusieurs mois avant la représentation. Je pouvais comprendre que l'on se précipite sur les billets d'un artiste international qui passe une seule fois en dix ans, mais sur les billets d'un humoriste continuellement sur la route au Québec alors qu'il est toujours possible d'aller le voir dans une autre ville pas très loin, ça, je ne le saisissais pas trop. Mais bon.

Cela m'avait vraiment impressionné de réaliser que des gens réservaient une soirée précise de huit mois à un an d'avance seulement pour un spectacle d'humour, alors que je ne pouvais même pas prévoir moi-même un déménagement à Montréal et un achat de maison à Québec à quelques heures d'avis. Ça me dépassait donc totalement, mais je m'y habituai, évidemment.

Nous ne sommes effectivement pas tous constitués du même bois, et c'est tant mieux. Ça prend un peu de variété dans la vie. Il faut dire que j'ai toujours eu de la difficulté à planifier un verre, un lunch, un souper ou quelque activité que ce soit plusieurs jours d'avance. Disons que j'aime beaucoup la spontanéité du moment. J'ai encore plusieurs améliorations à faire personnellement côté engagement à l'avance. Ça viendra peut-être un jour... mais permettez-moi d'en douter !

Par contre, pour nos clients producteurs de spectacles, il n'y avait effectivement rien de mieux et de plus rassurant que de savoir les billets vendus aussi longtemps d'avance. Et quand tes clients sont contents, t'es content !

Mercure Communication était, et demeure aujourd'hui, un entonnoir et une référence pour tous les artistes québécois et même internationaux en ce qui concerne leurs activités de promotion lors de leur passage à Québec. Que ce soit Céline Dion, Elton John, Charles Aznavour ou le Cirque du Soleil, Mercure était presque devenu un passage obligé pour plusieurs d'entre eux, ou du moins un incontournable.

Alors que le milieu dans lequel j'œuvrais à Montréal et à Québec était sensiblement semblable, une grosse différence de clientèle existait pourtant. À Montréal, je travaillais avec un groupe restreint d'artistes, et ce, à l'échelle provinciale, alors qu'à Québec, à peu près 80 % de toutes les vedettes du Québec et de l'étranger composaient notre clientèle, mais pour des activités locales seulement.

Je connus et rencontrai ainsi plusieurs artistes avec qui je n'avais jamais travaillé jusqu'alors et desquels je garde plusieurs beaux souvenirs. Je me souviens encore de ma rencontre avec Charles Aznavour où nous discutions de la différence des significations du mot *téteux*[21] entre le français européen et québécois. Ou, entre autres, d'une remise de médailles par la France à Garou au Consulat sur l'avenue des Braves à Québec. Dresser la liste de tous ces nombreux souvenirs serait bien long et nécessiterait plusieurs autres pages à ce livre.

Mercure devint au fur et à mesure un nom établi qui jouissait d'une très belle notoriété dans le domaine des communications à Québec. Élargissant ses activités dans

21. Expression québécoise qui signifie « lèche-botte ».

les domaines de l'événementiel, des corporations, de la restauration et du sport, ces belles années furent une période très fertile en apprentissages et en défis.

Nous avions même, à l'époque, créé trois tournois de hockey uniques en leur genre : le Pond Hockey Lac-Beauport, le Hockeyfest Molson Export et le Boot Camp. Étant moi-même un joueur de hockey depuis l'âge de cinq ans et un grand passionné de ce sport, j'affectionnais particulièrement ces trois événements de hockey de concepts tout à fait différents.

Le premier était un tournoi de hockey sur glace se déroulant sur vingt-cinq patinoires aménagées directement sur les eaux gelées d'un lac naturel. Ce tournoi a été instauré par mon collègue, Dominic Hardy, à qui je me suis joint lors du premier événement dans le but d'accroître son envergure (www.pondhockeylacbeauport.com). Le Hockeyfest Molson Export était un tournoi de hockey de rue. Et l'autre, le Boot Camp (www.lebootcamp.ca), est un tournoi que j'ai créé avec le gardien de but professionnel Cédrick Desjardins et sa femme, Marie-Pier Cyr. C'est une compétition unique en son genre, composée exclusivement de joueurs professionnels, dont plusieurs grandes vedettes de la LNH, entre autres Patrice Bergeron, David Desharnais, Marc-Édouard Vlasic, Jason Pominville, Maxime Talbot, Derick Brassard, Mathieu Perreault, Ryan White, Alex Chiasson, Sean Couturier, Mikhail Grigorenko et une trentaine d'autres.

Le Pond Hockey Lac-Beauport avait même reçu l'honneur d'être en nomination pour le prix du « Meilleur événement de tourisme sportif au Canada » dans la catégorie des budgets de 250 000 $ et moins lors des galas de l'Alliance canadienne de tourisme sportif en 2007 et 2009 à Gatineau et à Toronto.

Ma période « Mercure » me permit de parfaire mon expérience en matière de relations publiques et de marketing, et ce, dans plusieurs champs d'activité. Ce fut également pour moi, qui étais de retour d'un séjour de quelques années à l'extérieur de la région, l'occasion unique de connaître une grande partie des gens œuvrant dans le domaine des médias et des communications de la ville de Québec.

L'entreprise prit beaucoup d'ampleur au fil des ans, passant de quatre employés à une douzaine travaillant à temps plein et à près d'une quarantaine de pigistes selon les périodes. Comme toute entreprise normale, nous avons connu nos hauts et nos bas. En 2011, j'eus même le plaisir de recevoir le prix de « jeune personnalité d'affaires de l'année Banque Nationale » décerné par la Jeune chambre de commerce de Québec dans la catégorie « communication-marketing ».

J'avais l'âge limite pour avoir droit à ce prix de « jeune » entrepreneur, contrairement à mon associée, Marie-Andrée, qui était un peu plus âgée que moi, de quelques mois seulement, et à qui ce prix revenait autant qu'à moi, cela va de soi. Ce que j'appréciai tout particulièrement dans ce prix fut bien évidemment le mot *jeune*. Bien limite, mais toujours bon pour le moral.

J'avais quand même de très bonnes conditions salariales. Combinés avec les gains de mon entreprise, Les Éditions Daniel Blouin Inc., mes revenus cumulés (salaire, prime, dividendes, dépenses, avantages fiscaux, etc.) représentaient toujours un salaire de 80 000 à 110 000 $ par année, selon les résultats financiers et variables de chaque année.

Absolument rien pour me plaindre, donc. Cela me permit d'agrandir ma maison et de l'hypothéquer de nouveau pour une valeur d'environ 120 000 $. Cette rénovation, à elle seule, coûta donc environ 30 000 $ de plus que l'achat initial de la maison et du terrain combiné 10 ans auparavant. C'est dire à quel point les prix avaient explosé entre-temps.

Mon rôle dans l'entreprise avait donc nécessairement changé au fur et à mesure que la taille augmentait, passant de plus en plus de temps à être administrateur et gestionnaire plutôt qu'à me tenir sur la ligne de front, comme à mes débuts.

Lorsque l'on est dans le bain, on ne s'en rend pas toujours compte, mais les rôles et les tâches changent et on présume souvent, parfois à tort, qu'il s'agit d'une évolution obligatoire et nécessaire. En tout cas, ce fut mon cas. Je croyais que c'était quelque chose qui devait automatiquement et normalement me plaire.

Je présumais naturel qu'un professeur désire devenir directeur d'école, qu'un employé souhaite être directeur ou propriétaire, qu'un policier vise le poste d'enquêteur, qu'un serveur accède au rôle de gérant... et qu'une petite entreprise prenne automatiquement de l'expansion, etc. Vous voyez le schéma et ma façon de penser de l'époque ?

C'est ce que je croyais, mais j'avais tort. Je réalisai finalement que je n'avais aucunement le goût de devenir un gestionnaire, de diriger une agence, un groupe d'employés (aussi gentils soient-ils) ou de gérer une quelconque grosse entreprise. Ça ne m'intéressait plus du tout. Et ce n'était pas non plus parce que j'en étais capable que je devais nécessairement le faire. Je n'avais plus envie non plus de rentrer travailler tous les jours dans le même local.

J'assumai que ce n'était pas un passage et une finalité obligés. J'avais le goût d'avoir davantage accès à plus de légèreté, de flexibilité, d'être plus sur la route et d'oser devenir un électron plus libre sans structure administrative et, surtout, de changer de domaine.

Mon entreprise avait évolué et je m'étais simplement un peu égaré en cours de route. Non, correction. J'avais simplement changé et cette vie professionnelle ne correspondait plus à mes envies. C'est tout. Pas plus compliqué que ça.

Je me suis souvenu de *small is beautiful* et de *less is more*[22].

Une autre sortie de zone m'attendait dans le détour !

Marjolaine, Noémie et moi à Lac-Beauport au moment où nous revenions vivre dans la région de Québec.

22. Expression anglophone difficilement traduisible mais qui pourrait se lire comme suit en français : « ce qui est petit est beau » et « moins c'est plus ».

Avec Charles Aznavour au restaurant Laurie Raphaël, du chef Daniel Vézina, à Québec. Nous étions en train de rire des différentes significations du mot *téteux*.

Avec Garou lors d'une cérémonie de remise de médailles au Consulat de France.

journal québec

LE JOURNAL DE QUÉBEC | JEUDI 30 NOVEMBRE 2006

Éditeur de Québec reconnu par la SOCAN

Marie-Chantal Toupin doit une fière chandelle à Daniel Blouin, de Québec, qui travaille à titre d'éditeur auprès de la vedette.

SERGE DROUIN
sdrouin@journaldequebec.com

Plus précisément, Daniel Blouin voit à ce que Marie-Chantal Toupin reçoive tous les droits ($$) qui lui sont dus lorsqu'une de ses chansons tourne à la radio ou est interprétée sur scène. Peu importe si la chanteuse est interprète ou auteure-compositrice de la chanson. De plus, lorsqu'un extrait d'une chanson de Mme Toupin est utilisé dans une publicité, Daniel Blouin s'assure que la chanteuse encaisse ses droits d'édition.

Reconnu

Récemment, au gala de la SOCAN (Société canadienne des auteurs, compositeurs et éditeurs de musique), les Éditions Daniel Blouin et Marie-Chantal Toupin ont récolté deux prix pour les pièces *Cette mélodie* et *Naître*. Les deux chansons ont été parmi les 10 succès qui ont tourné le plus à la radio, l'an dernier. Grâce à Daniel Blouin, Marie-Chantal Toupin reçoit maintenant des droits d'édition sur 80 % de son catalogue (la chanteuse a quatre albums à son actif). Si personne ne s'occupait de ces droits, la chanteuse ne recevrait pas un sou.

Daniel Blouin a fait ses classes dans le monde de l'édition à Montréal auprès du réputé Donald K. Donald. Il a notamment géré les catalogues d'édition de Kevin Parent, France d'Amour et Nicola Ciccone. «J'ai appris mon métier sur le tas», dit celui qui détient un bac en administration.

À Québec

L'éditeur se dit heureux de pouvoir exercer son métier à Québec. Pour ce faire, l'informatique lui est grandement utile. Outre Marie-Chantal Toupin, Boom Desjardins vient de demander à Blouin de veiller sur son catalogue d'édition.

En plus de sa maison d'édition, Daniel Blouin est aussi copropriétaire de Mercure Communication, qui voit à la promotion de divers événements, présentations de spectacles et artistes lors de leur passage à Québec.

Daniel Blouin a été reconnu pour son travail auprès de Marie-Chantal Toupin.

Photo : Roland de Québec

Toute l'équipe de Mercure Communication lors de notre fameux « cinq à tard » annuel.

Photo : Jocelyn Bernier

Avec Ahaina, Thaisa et Thayana, les triplettes brésiliennes du groupe T-Rio qui chantaient le succès *Choopeta*. Je me trompe peut-être dans l'ordre de leur prénom, mais elles se reconnaîtront. J'avais passé une très belle journée en leur charmante compagnie. Je ne pouvais les identifier qu'à leur couleur de vêtement.

Mes trois enfants, Sarah, Noémie et Benjamin, lors d'une partie de *pond hockey*.

Photo : Érick Labbé

Avec mes trois enfants, Noémie, Benjamin et Sarah, lors d'une partie des Canadiens de Montréal.

Je vends mon entreprise

À l'hiver 2012, je commençais donc à sentir un manque de motivation majeur dans mon travail. Ce n'était pourtant pas nouveau, je le sentais depuis plusieurs mois, mais c'est à ce moment que je dus y faire face définitivement. Mon malaise devenait trop important et un changement majeur s'imposait.

Lors de mes premières années à Mercure, j'avais le feu aux fesses et le couteau entre les dents. Je partais à la guerre chaque matin avec le désir de faire encore mieux et de progresser. J'aimais ce que je faisais et loin de moi était l'idée de démissionner un jour de la boîte. Au contraire, je m'y voyais pour longtemps et j'avais comme seule intention de faire croître l'entreprise avec mon associée. À cette époque, j'étais tout simplement *en mode* « amenez-en des contrats et des projets ! ». J'étais en mission et j'avais le goût de bâtir.

Même si j'étais propriétaire d'une très belle entreprise avec de bonnes conditions de travail, vers la fin de cette période de ma vie, je commençais à sentir une insatisfaction grandissante, petit à petit, des mois durant. Fatigue ? *Burnout* ? Conflit avec mon associée ? Non, rien de tout ça ! Je n'étais aucunement fatigué et j'avais une très belle relation avec ma partenaire. Je ressentais exactement les mêmes sentiments que j'avais déjà éprouvés à l'époque où j'avais quitté Montréal.

J'étais donc en terrain connu. Voici la liste des pensées et des impressions qui firent leur apparition une fois de plus :

- avoir fait le tour ;
- manquer d'intérêt ;
- ne plus avoir le goût d'avancer ou de « développer » ;
- ne pas voir le jour où la motivation reviendrait ;
- ne plus avoir la satisfaction d'antan du devoir accompli ou du travail bien fait ;
- *Been there, Done that* ;
- « Ce que je fais n'a plus de sens » ;
- « Je suis fatigué de m'entendre dire, dans ma tête, que je suis à bout ».

Et régulièrement, je me posais des questions du genre :

- « Suis-je encore vraiment passionné par ce que je fais ? » ;
- « Suis-je encore vraiment à ma place ? » ;
- « Ai-je envie de continuer à faire ça toute ma vie ? » ;
- « Je fais tout cela pour que ça me mène vers quoi, exactement ? ».

Avec cette liste d'impressions et de questions, nul doute que je ne me dirigeais pas vers une surdose de bonheur. Je me rappelle qu'à cette époque, je commençais également à mal dormir et je partageais souvent avec ma conjointe mon ras-le-bol grandissant sur le plan du travail. Mes nuits d'insomnie entraînaient évidemment des levées du corps plus pénibles. Je partais au travail à reculons. Je traînais un boulet. Travailler était devenu une corvée.

Ayant moins d'énergie et étant en manque de sommeil réparateur, ma mèche commençait donc également à devenir de plus en plus courte et ma mauvaise humeur s'exprimait beaucoup plus souvent. Le cercle vicieux classique. Bien que je n'aie jamais cru avoir un réel problème d'alcool, ma consommation devint également beaucoup plus régulière et appréciée que ce à quoi j'étais habitué dans le passé. J'avais le beau *cocktail* des symptômes du « manque d'épanouissement ».

Je tentai donc d'évaluer toutes les solutions possibles afin de remédier à la situation sans avoir à démissionner de mon emploi ou à tout laisser tomber. Malheureusement, pour être honnête avec moi-même, il n'y en avait aucune. Le goût de diriger une entreprise de communication et de travailler dans le domaine ne me branchait simplement plus. Sacré problème et méchant cul-de-sac !

Aucune option de rechange ne me faisait voir la lumière et aucune ne m'inspirait ou ne m'excitait assez pour combler mon insatisfaction de plus en plus grandissante. Je n'avais plus de vision. Je n'étais simplement plus amoureux de mon travail.

Vers la fin, seulement trois raisons me gardaient dans ma zone de confort : la paie, la sécurité et la peur du changement, ces dernières raisons étant absolument non envisageables et non négociables dans ma nature de passionné, d'amant du risque et de prôneur de l'adage : « La vie est courte ». Jamais je ne continuerais que pour mon salaire. Jamais, jamais, jamais ! Cela était totalement hors de question, clair et réglé dans ma tête.

Rester uniquement pour l'argent n'aurait pas été honnête envers mon associée, mes collègues et, surtout, envers moi-même. Et cela se serait probablement même avéré fort désastreux à court, moyen ou long terme, tant sur le plan professionnel que personnel.

De plus, et pour ajouter au risque, à cette époque, je n'avais absolument aucune idée de ce que je désirais vraiment faire d'autre dans la vie. Aucune. Par contre, je savais pertinemment que si je ne quittais pas ma vie de blasé en sautant dans le vide, je ne me mettrais jamais en situation de pleine ouverture à une nouvelle passion, flamme, motivation ou à un nouveau sens à ma vie.

Je désirais m'ouvrir totalement et non à demi-mesure en gardant un emploi à temps plein qui m'aurait occupé l'esprit à cent pour cent sans me laisser une ouverture d'inspiration pour la suite de ma vie. C'était « je continue à faire ce travail qui ne me plaît plus uniquement pour la paie en attendant de me trouver autre chose et je fais une dépression tellement je n'aurai pas le temps de penser à autre chose » ou « je teste encore la grosseur de mes "couilles[23]" en laissant tout tomber et je m'ouvre totalement aux profits et aux risques d'une nouvelle vie ! ».

23. L'ampleur de mon courage, de mon audace.

Le cœur n'y était tout simplement plus et je n'avais plus le choix. Il me restait seulement à fermer les yeux, à baisser la tête, à rentrer dans le « tas » et à faire confiance à la vie en sautant du train en marche… Bien plus facile à dire qu'à faire, évidemment. Un, deux, trois, go ! Tout le monde descend !

Le grand saut

À l'été 2012, je décidai donc d'effectuer le troisième changement le plus important de ma courte vie, « pour le meilleur et pour le pire » ! À quarante ans, je décidai une fois de plus de me remettre à risque en démissionnant de mon emploi et en vendant mes parts de Mercure Communication. Mon nouveau chapitre de vie débutait ainsi !

« Tu feras quoi ? » me demandait-on souvent ? Ma réponse ? « Je n'en ai aucune idée. » Et c'est ce qui m'excitait ! Curieusement, je n'étais pas du tout nerveux, car ayant déjà fait les mêmes changements de cap radicaux à vingt-trois et à vingt-huit ans, je savais que mon intuition était bonne et qu'elle m'avait rarement fait défaut, bien au contraire.

En fait, les deux autres changements de cap majeurs que j'avais effectués dans le passé s'étaient avérés des décisions dont je n'ai absolument jamais regretté les résultats. Bien que jamais rationnelles, elles s'avérèrent, au contraire et curieusement, les meilleures décisions que je pouvais prendre à chacune des époques.

Je crois sincèrement que je n'aurais jamais travaillé chez Donald K. Donald si je ne m'étais pas mis ainsi à risque en déménageant à Montréal la première fois. Jamais je n'aurais pensé lui offrir mes services gratuitement si j'étais resté à Québec en cherchant un emploi à distance avant de faire le saut.

Il est également certain que je n'aurais jamais pensé m'associer à Marie-Andrée pour fonder Mercure si je n'étais pas revenu à Québec en suivant une fois de plus mon instinct. Je n'aurais jamais fait ni même penser à ces deux virages si j'étais demeuré dans mes pantoufles sans courir de risque ou en essayant de créer ces occasions opportunes à distance. Je suis convaincu que jamais, jamais, jamais cela ne se serait produit.

Mon intuition, ayant déjà fait ses preuves dans le passé, rassura et convainquit Marjolaine, ma conjointe des 24 dernières années, de me soutenir et de me faire confiance une fois de plus. Nous avions également la chance de pouvoir compter sur son salaire d'enseignante qui représentait quand même un coussin fort appréciable pour réduire le risque.

Contrairement à ce que plusieurs personnes peuvent penser, la vente de mes actions ne me rendit pas du tout indépendant de fortune. Très loin de là. Vous seriez très surpris. Étant donné qu'il s'agit d'une information confidentielle et que cela implique également mon ex-associée qui est toujours active dans l'entreprise, il serait inapproprié pour moi de dévoiler le montant de la vente. Cela dit, j'étais encore très loin de la retraite.

Mes zones de confort physique

Ma conjointe savait très bien que j'aimais également me mettre à risque en essayant de dépasser mes propres limites, même physiquement. Elle m'avait souvent vu m'engager dans des défis physiques : en motocross, en course à pied, en boxe, en vélo, avec les chevaux. Elle savait bien que j'adorais me tester. Voici, entre autres, quelques exemples où j'éprouvai de très forts sentiments de satisfaction et de dépassement chaque fois.

Je fis, par exemple, ma première course de motocross à 35 ans, alors que je n'étais jamais monté sur une moto auparavant. Afin de me confirmer à moi-même mon intention d'acheter une moto, j'avais demandé à mon ami, Philippe Laroche, de me prêter la sienne quelques minutes. Après quelques tours d'essai sur son terrain, ma décision était prise.

Seulement quelques pratiques et quelques jours plus tard, je me retrouvai sur une ligne de départ avec trois cents autres coureurs répartis en six lignes dans une course officielle d'une heure d'enduro à Victoriaville. J'étais le seul coureur à ne pas porter les vêtements standards de motocross. Je trouvais que mes pantalons d'armée avec protège-jambes attachés par-dessus et mon gilet noir de tous les jours faisaient très bien l'affaire. Disons que je sortais un peu du lot et que je n'avais pas un *look* très à la mode.

Il y avait un nombre très impressionnant de motos sur la ligne de départ lors de cette course. Il m'était même presque impossible d'entendre si mon propre moteur était en marche tellement il y avait d'autres vrombrissements en même temps autour de moi. Je devais même mettre ma main sur mon moteur pour sentir sa chaleur et savoir s'il était bel et bien en marche. Il m'était également presque impossible de respirer tellement l'huile des moteurs remplissait l'air. Les quelques bouffées d'oxygène pur étaient rares.

Lorsque le directeur de course baissa son drapeau de départ et que je vis les premières lignes s'élancer devant moi dans des mottes de terre et un son infernal de moteurs, j'ai vraiment cru que je ne m'en sortirais pas vivant mon tour venu. Je ne pouvais pas croire que j'étais là et que je serais obligé de vivre un départ aussi violent et dangereux.

Mais quelle idée imbécile j'avais eu de m'inscrire à cette course ! pensais-je à cet instant. Il était malheureusement trop tard pour me sauver, car j'étais en plein milieu de la ligne. J'étais coincé. Alors soit !

C'était maintenant à mon tour de foncer et d'attendre le signal de départ. Les mains complètement crispées sur le guidon, la sueur dégoulinant dans mon casque, les yeux fixés sur le premier détour, je priai le ciel pour ne pas percuter un autre coureur. Les dix secondes de stress précédant le signal de départ furent probablement les plus longues vécues à ce jour. Mais quel stress ! Difficile à battre comme montée d'adrénaline... cinq, quatre, trois, deux, un, zéro !

Je terminai la course d'une heure complètement exténué et à l'avant-dernier rang au classement. Mais j'avais survécu. Ce fut mon plus fort sentiment de dépassement physique à ce jour. J'avais su surmonter ma peur intense. Encore aujourd'hui, je peux dire que ce fut l'un des plus beaux jours de ma vie. Quelle sensation ce fut !

Dans cette lignée de défis physiques, j'ai déjà également osé m'inscrire à un demi-marathon de 21,1 km alors que je n'avais jamais couru de ma vie. Je ne savais même pas si j'étais capable de courir seulement 3 km. Lors de la course, je portais même un costume de bain long, pas du tout approprié pour la course à pied. J'ai vite réalisé que j'étais le seul parmi les milliers de coureurs à trouver le style du costume de bain convenable.

Exemple similaire alors que je m'aventurai comme boxeur à quarante ans dans un combat à l'occasion d'un gala-bénéfice. Je n'avais jamais boxé de ma vie et je ne connaissais même pas l'identité de mon adversaire avant de me commettre.

Je m'étais évidemment mis à l'entraînement quelques semaines avant ces deux engagements un peu fous. Mon seul bonheur était de me mettre à risque. Un vrai ado qui se disait à soi-même : « "Enwaye" ! T'es pas *game*[24] ! » De vrais tests de limites en n'ayant aucune idée de mes capacités.

Je garde un souvenir vraiment très drôle de mon unique demi-marathon à vie. À la ligne d'arrivée, où il y avait particulièrement beaucoup de gens, je trouvais que ces derniers étaient exceptionnellement très dynamiques. L'animateur criait au micro pour motiver la foule et je ne comprenais pas trop ce qui se passait, car j'étais probablement le millième à franchir la ligne d'arrivée.

J'étais véritablement loin d'être le premier arrivé. Sur place, je pouvais apercevoir plusieurs personnes habillées chic tenant dans leur main un cordon officiel d'arrivée. Quelques caméras de télé étaient également présentes et plus je m'approchais, moins je comprenais ce qui se passait.

Je ne pouvais pas croire que tous ces gens étaient là pour moi, l'un des derniers arrivés. Par contre, je n'en étais pas certain à cent pour cent, car je n'avais jamais participé à un

---

24. « Vas-y ! Tu n'es pas brave ! »

marathon ou à toute autre compétition de course à pied. Je n'avais absolument aucune idée de comment cela se déroulait normalement. Durant quelques secondes, je crus donc la situation normale et je finis par croire que cela se déroulait probablement toujours ainsi.

Je me mis donc à croire qu'il devait probablement toujours y avoir un cordon d'arrivée comme cela à tous les participants seulement pour les rendre heureux et créer un certain décorum pour chacun, peu importe s'il s'agissait du premier ou du millième arrivé, simplement pour rehausser le sentiment d'accomplissement personnel. Je trouvais l'organisation particulièrement attentionnée envers ses coureurs.

Par contre, à quelques pieds de franchir le cordon les bras en l'air et tout heureux d'être content, je réalisai dans le regard des gens que ce n'était pas vraiment moi qu'ils regardaient, mais bien quelqu'un derrière moi. À la dernière seconde, j'eus la brillante idée d'éviter le cordon que la haie d'honneur tenait dans ses mains et je passai tout juste à côté, en dessous de l'arche d'arrivée. Ce que je n'avais pas réalisé en courant était que le grand gagnant du marathon complet (42,2 km) arrivait en même temps que moi et qu'il était tout juste derrière.

Toute cette attention et cet enthousiasme étaient évidemment pour lui, et nullement pour moi. Il venait quand même de faire une distance deux fois plus longue que la mienne, et ce, dans le même temps. C'est à ce moment que je compris que je ne tenterais jamais un marathon complet.

Cela faillit tellement s'avérer être le moment le plus humiliant de toute ma vie. Imaginez-moi en train de franchir le cordon d'arrivée devant les caméras, les deux bras dans les airs, tout fier d'être heureux et gâchant ainsi l'arrivée du vrai champion algérien ! Mais quelle bonne idée j'eus d'éviter ce cordon à la dernière seconde.

Mes sorties de zones de confort physique ont toujours été à l'origine de plusieurs très beaux souvenirs impérissables que je n'aurais évidemment jamais pu vivre autrement. Ça me rappelle également l'époque où j'étais devenu guide équestre dans une écurie alors que j'avais une très grande peur des chevaux et que, comble de la stupidité, j'y étais allergique. Ou encore le jour où je décidai sur un coup de tête de faire Québec-Montréal (250 km), seul, à vélo, alors que je n'avais qu'une vieille bicyclette de montagne.

Je ne savais même pas réparer une crevaison, car je ne faisais jamais de vélo en temps normal. Je n'avais même absolument aucune idée du temps que cela pourrait me prendre pour me rendre à destination. J'ignorais si le parcours représentait des heures ou des journées en coups de pédale.

M'engager dans ce genre de défis physiques sur des coups de tête et ne pas savoir si je suis capable de les relever, ça m'a toujours beaucoup excité. Le fait de dépasser mes peurs m'a toujours donné des sensations euphoriques très difficiles à battre. Du bonheur pur. Pour me surpasser, il n'y a jamais eu rien de tel que de me jeter à l'eau ou d'être au pied du mur. Une fois engagé et déjà commis, c'était bien difficile de faire marche arrière. On peut appeler cela un beau mélange de folie et d'inconscience.

Je me souviens encore de quelques collègues qui s'étaient mis à rire quand je leur avais mentionné que j'aimerais bien faire des courses de motocross un jour, ou de mon ami Alain qui m'avait dit que ce serait peut-être une bonne idée d'assumer mon âge lorsqu'il apprit mon inscription à un combat de boxe à quarante ans. Chose certaine, je n'aurais jamais tenté de relever tous ces défis si je m'étais arrêté à l'opinion des autres ou aux risques d'accident et de blessure.

Rationnellement, je dois avouer qu'il n'y avait effectivement aucune bonne raison de me mettre ainsi à risque. Par contre, le jeu en valut tellement la chandelle. Je suis justement très heureux de n'avoir jamais été trop conscient ou trop rationnel, car je n'aurais jamais vécu tous ces beaux moments.

Il m'est très difficile de ne pas faire une analogie entre mes sorties de zone de confort physique et celles de vie. C'est le même état d'esprit. C'est la même gestion des peurs et de l'inconnu. Elles représentent le même goût d'avancer et de vivre pleinement, le pied sur le gaz et non sur le frein. Que ce soit physiquement ou mentalement, mes dépassements m'ont toujours fait grandir. Ils m'ont fait jouir de la vie, contrairement aux poissons rouges.

L'opinion des autres

Disons que mes trois enfants, non conscients du côté téméraire de leur paternel, étaient quant à eux beaucoup moins convaincus de mon nouveau changement de vie professionnelle. Je les comprenais très bien de ne pas saisir ce tournant, mais je me disais qu'ils s'y feraient. En tout cas, je perçus cette période comme une très belle occasion d'enseigner à mes enfants qu'il est parfois nécessaire de prendre des risques pour être heureux et que le bonheur ne passe pas uniquement par l'argent, la sécurité et le confort.

Ce qu'ils saisissaient le plus difficilement au début était qu'il m'était possible de travailler tous les jours à la maison, avec aucun employé, et ce, tout en gagnant de l'argent, ce qui, contrairement à eux, me plaisait énormément. J'ai même cru bon à un certain moment de leur montrer de vrais chèques de revenus pour au moins les rassurer et leur prouver que leur père n'était pas parti sur une « balloune[25] ». Ils finirent par s'habituer. Alors, premier obstacle surmonté !

Mes parents, quant à eux, semblaient déstabilisés et un peu inquiets. Mais bon, ils commençaient à me connaître un peu aussi. Mon père savait bien qu'il me restait toujours l'option de vendre de la drogue ! Il m'avoua qu'il était vraiment impressionné que je prenne cette décision de vendre Mercure. Depuis la fin de ses études, lui n'avait connu qu'un seul emploi de prof jusqu'à sa retraite. Disons que j'étais un peu plus en mouvement que lui.

Voulant me rassurer, il jugea pertinent de me révéler, pour la première fois de sa vie, le montant d'argent approximatif dont j'hériterais le jour de sa mort et de celle de ma mère. Ce fut une belle attention de sa part pour me rassurer et je l'en remerciai, car il est évidemment fort inconfortable et embarrassant de parler de ce genre de chose. Par contre, bien que j'aie apprécié son intention, jamais cela ne m'était venu à l'esprit, et je ne compterai jamais là-dessus, bien entendu.

Mes amis, quant à eux, ne semblèrent pas vraiment surpris, car ils savaient que c'était bien mon style de prendre ce genre de décision. Je dirais qu'ils furent plutôt surpris que je ne leur en aie jamais parlé avant ou que je n'aie pas

25. Expression québécoise signifiant « avoir perdu la raison ».

affiché certains signes précurseurs. Ils l'apprirent comme tout le monde au moment de l'envoi du communiqué de presse officiel, écrit et envoyé par Mercure. J'ai toujours préféré parler des choses lorsqu'elles sont faites plutôt que de celles qui viendront ou qui sont encore un projet.

J'ai toujours été très attiré par l'action. Je suis plutôt du genre déterminé. Je ne me laisse pas influencer par l'opinion des autres. Je suis assez fermé à ce sujet. S'il avait fallu que je parle toujours de mes intentions de me mettre à risque aux autres avant de passer à l'action, il est probable que cela se serait avéré uniquement des occasions propices à soulever les peurs, les craintes et à créer le doute dans mon esprit, donc à paralyser et à étouffer mon élan. Quand je vis quelque chose, je n'ai jamais besoin de demander à une autre personne si ce que je ressens est vrai.

J'ai parfois l'impression d'être comme un oiseau migrateur qui sait et qui sent le moment où il doit partir, mais sans réelle explication. Et même s'il pouvait envisager tous les risques d'accidents potentiels, rien ne l'empêcherait de voler vers d'autres cieux pour suivre sa voie. Heureusement, l'instinct animal ne se trompe que très rarement et je lui fais particulièrement confiance.

Je n'ai jamais beaucoup « parlé que pour parler ». J'ai toujours été assez discret et réservé, et ce, même avec ma conjointe. Lorsqu'elle me demande ce que j'ai fait dans la journée, ma réponse classique est la suivante : « Des gogosses[26] ! », peu importe l'importance de celles-ci, négatives ou positives. Je n'ai jamais vraiment apporté ma vie professionnelle à la maison, et vice versa, à moins d'un

26. Trucs.

événement majeur. Je ne sais pas pourquoi, mais j'ai toujours tracé une ligne entre les deux.

À cette époque, je décidai également, sur un coup de tête, d'essayer de ne pas boire d'alcool pendant un mois. C'était un 1er novembre et quel bon mois endormant pour tenter le défi. Je fus le premier surpris de réussir et de constater que ce n'était pas si difficile. Mieux encore, j'ai trouvé cela fort agréable et très positif. Plus d'argent dans mes poches, jamais de lendemain de veille, plus en forme, plus d'énergie et un meilleur sommeil. Que demander de mieux ?

J'eus la crainte de tomber dans les extrêmes et d'avoir une envie excessive d'alcool à la fin de mon mois de privation. Curieusement, ce fut le contraire. Je ressentis beaucoup moins l'envie de boire. Quelle belle surprise !

J'aimai donc tellement l'expérience de ce mois sans alcool que je décidai même, à partir de ce jour, de toujours alterner les mois sobres avec ceux d'alcool permis. Ce devint une habitude qui ne me demanda curieusement presque aucun effort. Disons qu'il y eut parfois une occasion ou deux par mois qui me demandèrent plus d'efforts selon la température. Je réduisis ainsi de beaucoup le risque d'une dépendance éventuelle. Maintenant, ma bière et mon verre de vin sont beaucoup plus appréciés que par le passé.

Plusieurs personnes m'ont souvent demandé pourquoi je n'arrêtais pas définitivement tant qu'à y être. Au contraire, j'aime bien trop cela pour arrêter une fois pour toutes. C'est justement pour ne jamais avoir à passer ce point de non-retour que j'apprécie ces mois alternés d'abstinence. C'est uniquement pour me confirmer que j'ai encore un semblant de contrôle. Je reconnais que ma modération a maintenant bien meilleur goût, même si je me permettrai toujours quelques faiblesses à l'occasion. Je ne suis quand même pas devenu un ange. De toute façon, ça fait déjà très longtemps que je sais que je finirai en enfer.

Je suis devant les 25 patinoires aménagées sur les eaux gelées du lac Beauport pendant le très populaire tournoi de *pond hockey*. Ce tournoi unique accueille des joueurs de partout et a même déjà accueilli des hockeyeurs de la Suisse, des États-Unis et du Costa Rica !

Avec le célèbre Guy Lafleur lors d'une conférence de presse annonçant une partie des anciens Nordiques de Québec contre les anciens Canadiens de Montréal.

La participation de Mercure dans la promotion de la fameuse Marche Bleue sur les plaines d'Abraham pour le retour des Nordiques de Québec dans la Ligue Nationale de Hochey.

Je suis accompagné des joueurs vedettes, David Desharnais des Canadiens de Montréal, de Patrice Bergeron des Bruins de Boston et d'Alex Chiasson des Stars de Dallas. Cette photo a été prise lors de la conférence de presse annonçant le deuxième Boot Camp, tournoi composé exclusivement de joueurs professionnels.

Avec mes trois idoles de jeunesse, Peter, Marian et Anton Stastny, trois frères et ex grandes vedettes de hochey de la ville de Québec.

Avec le très flamboyant maire de Québec, Régis Labeaume.

Avec Denis Coderre, le maire de Montréal.

Avec mon ami, P.-Y. Lord, animateur à la radio et à la télévision au Québec et porte-parole et participant du Pond Hockey Lac-Beauport.

Période tampon

Outre les activités de mon entreprise d'édition musicale, Les Éditions Daniel Blouin Inc., ainsi que les événements de hockey, dont le Pond Hockey Lac-Beauport, le Boot Camp et le Hockeyfest, dont j'avais gardé la propriété dans l'entente de vente de Mercure, j'étais désormais ouvert à n'importe quels petits boulots de courte durée qui me feraient sortir de ma routine, de mon milieu, de mon monde, de mon quotidien que je connaissais déjà trop bien.

J'envisageai donc différentes avenues : photographe, camionneur, chauffeur d'autobus longue distance (eh oui !), quelques propositions d'affaires, etc. Je rencontrai donc plusieurs personnes qui pratiquaient ces métiers pour m'informer. Je participai même à certaines séances d'information. Par contre, chaque option ne réussissait jamais à combler tous mes critères et n'arrivait pas à rallumer en moi l'éclair de génie ou l'étincelle divine que j'attendais tant.

Elles étaient toutes des options dont plusieurs aspects me plaisaient, mais jamais assez pour m'emballer complètement. Il y avait toujours une petite voix qui me soufflait à l'oreille : « Ce pourrait être correct, mais ce n'est pas ça ! » Cela dit, il n'est pas du tout exclu que je pratique un jour ces métiers. Je me réserve toujours le droit de changer d'idée. J'ai appris à ne plus dire « jamais ».

À court terme, j'étais dans l'état d'esprit où je considérais que des essais dans n'importe quel autre métier que je ne connaissais pas du tout devenaient vraiment intéressants et très enrichissants. Du moins, cela ferait changement du domaine des communications.

Je n'avais pas besoin de ces « jobines » pour vivre, car j'avais assez d'économies et de revenus de base, mais seulement l'idée d'essayer n'importe quoi m'excitait. Je tenais uniquement à respirer de l'air frais. Je ne cherchais pas, mais j'étais ouvert.

Mettant mon ego au rancart, j'acceptai d'abord d'être signaleur dans les rues de Québec avec des souffleurs lors de tempêtes de neige, j'assistai un huissier lors de diverses saisies et je fus même arroseur de la piste glacée du Red Bull Crashed Ice. Rien de bien impressionnant ou rien de très *cool* en ce qui concerne l'image publique comparativement à ma vie antérieure, mais mon Dieu que cela me faisait du bien de vivre et de voir autre chose.

À la limite, je trouvais ça très cocasse et très drôle de me retrouver à effectuer ce genre de tâches. La plupart des gens qui me connaissent n'en auraient probablement pas cru leurs yeux de me voir assis au volant d'un camion dans une opération de déneigement d'après-tempête. Je me faisais rire moi-même. J'étais vraiment excité à l'idée d'aller là où personne n'aurait pu m'imaginer tellement je n'avais pas le profil de l'emploi.

Ce qui me faisait le plus rire était souvent la réaction des gens à qui j'acceptais de donner un coup de main pour presque rien. Au début, ces personnes se demandaient si je blaguais ou non. La plupart de celles-ci étaient visiblement déstabilisées et me prenaient probablement en pitié. Certaines personnes ne m'ont même jamais cru et pensaient que j'étais en dépression ou que j'avais vraiment besoin d'argent. Ni l'un ni l'autre pourtant. Au contraire, je fus particulièrement et curieusement très heureux et serein durant toute cette période. J'avais tellement besoin de changement que j'aurais probablement accepté de faire n'importe quels travaux sans être payé, seulement pour le plaisir de vivre autre chose dans un autre milieu. Chut... Je ne leur ai jamais dit !

Afin d'éviter de devoir m'expliquer constamment sur le pourquoi de mon changement de carrière avec tout un chacun qui n'arrivait pas à croire que j'avais démissionné de mon emploi *jet-set*, je répondais souvent à la blague que j'étais à la semi-retraite. Me croyant riche et rentier, même si ce n'était pas du tout le cas, cela mettait généralement un terme immédiat à la discussion et nulle autre explication n'était attendue. Et ça faisait bien mon affaire !

Envers certains, j'étais honnête et je leur répondais que je n'avais vraiment aucune idée de ce que j'allais faire dans le futur. J'ai toujours aimé voir des gens être complètement mal à l'aise ou déstabilisés par des comportements anti-conformistes. Je ne sais pas pourquoi, mais ça m'a toujours fait beaucoup rire de voir leur regard confu, troublé et leurs points d'interrogations trop bien visibles dans leurs yeux. J'ai souvent eu l'impression qu'ils avaient plus la « chienne» (trouille) pour moi que moi-même, qu'ils se disaient que je courais probablement à ma perte.

Effectuer des contre-emplois moins payants et moins prestigieux ne m'a jamais fait remettre en cause ma décision de quitter mon ancienne vie. Peu importe ce qui allait advenir de moi, j'avais toujours la profonde conviction que j'avais pris la bonne décision et que ma nouvelle voie se présenterait bien devant moi un jour ou l'autre, un point, c'est tout... Même si j'adorais et que j'aime encore produire certains événements de hockey, je savais pertinemment en démissionnant de mon emploi que je ne me lancerais pas dans le domaine de l'événementiel à temps plein.

Depuis mon départ à l'été 2012, je n'avais qu'une seule obsession en tête : trouver une nouvelle passion, ma nouvelle voie pour laquelle je serais prêt à partir à la guerre, le couteau entre les dents, et que je ferais même en étant multimillionnaire ou s'il ne me restait qu'une seule année à vivre ou quarante encore. Je ne cherchais qu'à trouver un sens à mon travail de tous les jours, plus qu'une simple paie.

Il n'y avait aucun compromis possible dans ma tête, je n'avais quand même pas tout laissé pour me retrouver avec un nouveau travail qui ne me passionnerait pas. Il était hors de question que je m'investisse corps et âme à nouveau pour une longue période dans un quotidien qui ne m'allumerait pas à cent pour cent. Même si j'avais la foi, il m'arrivait parfois de moins y croire. Garder le cap et le *focus* était devenu une attitude mentale et un effort de tous les jours.

Finances personnelles

Lors de cette année de transition, je réussis étonnamment à générer un revenu très respectable dans les circonstances avec mes quelques activités ainsi que mon entreprise d'édition. J'en fus le premier surpris. La différence fut d'avoir les deux mains à la pâte, mais, en échange, j'économisais sur les salaires d'employés à temps plein et sur une structure administrative coûteuse et lourde.

Mon bureau était désormais à la maison et je n'engageais que des pigistes. Je travaillais où et quand je le voulais. Personne ne m'attendait au bureau à neuf heures. Je n'avais aucune pression extérieure, seulement celle que je voulais bien me mettre. Je me sentis extrêmement libre et très léger. Je retrouvai l'excitation du débutant.

N'ayant pas du tout prévu que mes revenus seraient aussi convenables durant la transition, j'avais quand même cru bon couper dès le début dans plusieurs sorties d'argent afin d'amortir cette période de changement au cas où les choses se dérouleraient moins bien que prévues.

Premièrement, je réduisis de façon importante de nombreuses dépenses telles que restos, alcool, etc., ce qui me permit par le fait même de revenir à la base et de remettre plusieurs de mes valeurs en ordre. Cela me fit un très grand bien. Je dois avouer qu'initialement, ma conjointe et moi ne sommes pas vraiment de grands consommateurs. Nous recherchons rarement le dernier gadget ou le dernier *look* à la mode. Nous ne sommes pas très tendance. Ça aide.

Un bon exemple est que nous n'avons toujours pas d'écran plat, plasma ou HD dans la maison. Eh non ! Encore deux bonnes vieilles grosses télés que mes enfants appellent avec découragement nos « télés-micro-ondes ».

Ce n'est pas parce que je ne veux pas dépenser. C'est seulement que je n'accepte pas l'idée de jeter quelque chose qui fonctionne encore très bien. Je ne suis pas contre les nouvelles technologies, mais pourquoi jeter mes bonnes vieilles télés de pauvre si elles fonctionnent encore très bien et que je peux encore très bien suivre mes parties des Canadiens ? Est-ce si grave de ne pas voir en HD la goutte dégouliner dans le front du joueur ?

C'est quand je regarde le hockey chez mon père sur son écran plasma que je réalise que je fais pitié. Sinon, quand je suis chez moi, je ne m'en rends pas compte et j'oublie que je suis censé faire pitié. Le comble du « non-consommateur » que je suis fut lorsque nos voisins décidèrent de changer leur grosse et vieille télé pour un écran plasma. Avant de la mettre à la rue, ils nous l'offrirent et nous acceptâmes de la prendre, car elle était plus grosse que la nôtre.

J'ai souvent eu l'impression que mes acquisitions devenaient des boulets à traîner… ou à payer. Cela dit, ne vous inquiétez pas, car je compte éventuellement avoir, moi aussi, un écran plasma un jour et arrêter de faire pitié.

Deuxièmement, je cessai temporairement de contribuer à mon REER pendant cette période de transition. Je suis convaincu qu'à soixante-quinze ans, je ne me souviendrai plus du tout de cette petite période de non-contribution. Et si j'avais le goût de travailler toute ma vie, mais à mon rythme, sans jamais être cent pour cent à la retraite tellement j'aime mon travail ? Si notre ancien premier ministre Jean Chrétien est encore capable de faire de la planche nautique (wakeboard) à quatre-vingts ans, d'après moi, je ne mourrai pas à travailler seulement quelques heures par semaine à soixante-cinq ans. Non ?

Pourquoi ne déciderais-je pas de travailler à temps partiel toute ma vie, jusqu'à ma mort ? J'éviterais peut-être ainsi la pression malsaine d'empiler à ce point avant de mettre mon « bouton » de retraité complètement à *off* et à un âge beaucoup trop jeune, de toute façon.

Est-il vraiment nécessaire de travailler si intensément durant une courte période pour arrêter complètement ensuite ? Pourquoi est-ce si noir ou blanc ? J'ai décidé que je travaillerais toute ma vie, mais seulement un peu tout le temps, si ma santé le permet évidemment. Seulement à un rythme, disons, sain. J'ai choisi la stratégie du marathon et non celle du sprint.

Il y a des gens qui me font du bien et qui m'inspirent, par exemple M. Irving Kahn, 106 ans, qui travaille encore 5 heures par jour. Il est le président de la société new-yorkaise de courtage et de conseil en placements portant son nom. Il est le plus vieux professionnel du monde encore en fonction dans le domaine de l'investissement.

Je ne sais pas pourquoi, mais mon petit doigt me dit qu'il n'a probablement vraiment plus besoin de travailler pour payer ses factures, qu'il le fait simplement parce qu'il aime ça et que cela le garde actif. Je ne sais pas à quel montant est rendu son REER, mais j'ai comme l'impression qu'il n'a pas eu souvent à piger dedans.

Peut-être s'était-il lassé de jouer au golf tous les jours à soixante ans ? Imaginez. Il aura travaillé au moins cinquante années de plus qu'un policier qui tombe à la retraite à cinquante-cinq ans ! Pas cinq. Cinquante années de plus sur le marché du travail ! Je sais bien que c'est physiquement beaucoup plus facile et réaliste d'être actif aussi longtemps avec un travail de bureau, mais quand même.

M. Irving Kahn, 106 ans, dans son bureau situé à New York.

D'autres figures plus connues nous prouvent également qu'il est possible de rester actifs longtemps seulement par amour du travail et non par obligation. Par exemple, les jeunes Charles Aznavour (89 ans), le pharmacien Jean Coutu (86 ans), Bernie Ecclestone de la F1 (82 ans), le conférencier Jean-Marc Chaput (80 ans), René Angélil (71 ans), Paul

McCartney (71 ans) ou Mick Jagger (69 ans) n'ont probablement plus besoin de travailler depuis très longtemps pour vivre.

Mais, pour eux, « vivre » ne semble pas vouloir dire être à la retraite, mais plutôt être passionnés et avoir du plaisir dans ce qu'ils accomplissent, peu importe leur âge. J'espère qu'ils ne stressaient pas trop à essayer de gonfler leur REER lorsqu'ils étaient plus jeunes. Avoir su qu'ils travailleraient aussi vieux, probablement qu'ils auraient angoissé un petit peu moins avec leur fonds de retraite. Que ce soit pour une personne fortunée ou de classe moyenne, cela me semble être une philosophie applicable aux deux situations, seulement à différentes échelles.

Il ne s'agit évidemment pas non plus de devenir un *workaholic* (personne ayant une dépendance au travail) et de travailler sous pression toute sa vie. Loin de là, car cela n'est évidemment pas plus sain. Il suffit de demeurer actif, mais à son propre rythme, tout en ayant du plaisir. Les personnes citées plus tôt en exemple travaillent probablement à un rythme beaucoup moins effréné qu'auparavant ou ont certainement dû apprendre à déléguer davantage. Ma définition de *travailler* ne signifie pas « se défoncer » ou « suer du front à un rythme de fou ».

Nous sommes également d'accord sur le fait que leur emploi du temps ne nécessite pas autant d'énergie que de travailler en construction. Par contre, Mick Jagger brûle probablement mille fois plus de calories en deux heures de spectacle que moi en un mois complet à seulement « pitonner » sur mon ordinateur et à parler au téléphone. Si je me compare à lui, théoriquement, je devrais donc être assez en forme pour travailler aussi jusqu'à soixante-neuf ans, et aimer mon travail. Du moins, je me le souhaite.

Travailler durant nos vieux jours n'implique pas non plus de rester dans le même domaine dans lequel nous évoluons toute notre vie. Il ne peut s'agir que d'occuper un simple emploi beaucoup plus facile à accomplir et moins stressant. Un gars de la construction peut très bien s'imaginer donner des conseils dans un Rona[27] à temps partiel rendu à sa retraite. Pourquoi pas ? Ça n'implique pas de travailler à quatre pattes sur une toiture jusqu'à sa mort.

Et si je considère également que viser le même train de vie à soixante-quinze ans qu'aujourd'hui, avec trois enfants, est un peu trop ambitieux et non nécessaire ? Et si, par exemple, je prévoyais avoir beaucoup moins l'envie et l'énergie de voyager durant mes vieux jours ? Et si je crois que c'est à mon âge qu'il est idéal d'en profiter, quitte à me priver d'autre chose ?

Mes parents qui ont actuellement soixante-neuf ans ont énormément voyagé dans le passé. Ils sont en ce moment retraités. Ils ont tout leur temps devant eux, mais n'ont plus du tout le goût de voyager. Maintenant, ils apprécient davantage une petite vie simple et tranquille à la maison. Ils n'ont pas de voiture de luxe ni de l'année. Et puis ? À cet âge, c'est le dernier de leurs soucis. Ils n'ont absolument plus rien à prouver à personne et ils se contrebalancent de leur image publique. Vraiment pas besoin d'avoir accumulé une fortune pour vivre ainsi. Non ?

Et si le fait de me stresser autant à amasser un fonds de retraite, qui n'arrivera probablement jamais, entraînait chez moi un cancer avant de pouvoir en profiter ?

---

27. Détaillant et distributeur canadien de produits de quincaillerie, de matériaux de construction et de rénovation.

Il y a quelque temps, j'ai rencontré de vieux retraités africains qui vivaient sans aucun fonds de retraite et qui semblaient absolument très heureux. J'ai cherché à comprendre leur truc. Quel est le rapport ? Vous verrez sous peu où je veux en venir.

Je suis allé à la chasse avec la tribu la plus reculée d'Afrique, les Hadzas de la Tanzanie, les derniers chasseurs-cueilleurs d'Afrique qui vivent tout près du Serengeti. Comparativement aux Hadzas, la tribu Massaï que j'ai également côtoyée est beaucoup plus évoluée et beaucoup plus organisée qu'eux, même si cette dernière dort encore dans des huttes fabriquées avec des excréments de vache. C'est vous dire à quel point les Hadzas sont primitifs.

Les Hadzas sont les premiers habitants connus de la Tanzanie. Leur présence sur les rives du lac Eyasi remonte à près de 40 000 ans. Leur population s'élève à environ seulement 1 000 individus dans tout le pays, dont 300 à 400 vivent comme chasseurs-cueilleurs comme leurs ancêtres il y a des dizaines de milliers d'années. Ils vivent sans règles ni calendrier. Ils ne cultivent aucun aliment et n'ont ni bétail ni abris permanents. Ils n'organisent pas de funérailles ni de cérémonie d'aucune sorte.

Durant la saison des pluies, ils dorment dans le creux des arbres et dans des grottes. Les fruits, les baies et les racines rapportés par les femmes prévalent sur le gibier dans le régime alimentaire de cette tribu. Les Hadzas sont tellement uniques et reculés que même mes guides de la tribu Massaï, Iraqw et Datoga, ne parlaient pas le même dialecte et pouvaient difficilement communiquer avec eux. Seul l'un de mes guides les avait déjà côtoyés durant son enfance et c'est la raison pour laquelle nous avions pu les rejoindre.

Les hommes hadzas, eux, récoltent du miel et chassent à l'arc. Ils tuent tout animal sauvage qu'ils trouvent sur leur passage, de l'écureuil à l'éléphant. Ils ont une flèche différente adaptée à chacune des grosseurs des animaux. Les jeunes du clan chassent chaque jour. Sinon, ils ne mangent pas. S'ils réussissent à tuer un éléphant avec leurs flèches empoisonnées, tout le clan se déplace pour vivre autour de l'éléphant jusqu'à ce qu'il ne reste plus rien à manger. Très honnêtement, j'avais vraiment l'impression de côtoyer des hommes des cavernes. Et je ne dis pas cela avec mépris, car j'ai au contraire un immense respect pour eux.

La société hadza est strictement égalitaire : pas de propriété privée, pas de chef, pas de règles religieuses. Les notions de possession et de contrôle des terres sont dénuées de sens. Si un conflit surgit et persiste entre deux personnes, l'une d'elles choisit simplement de rejoindre un autre camp. Il en va de même pour les mariages : ils se font et se défont librement.

Lors de ma journée de chasse avec eux, nous avons tué trois écureuils et deux oiseaux que nous avons mangés avec les autres du clan immédiatement en arrivant au feu, têtes incluses. Oui, oui, têtes incluses. En ce qui concerne la sortie de zone de confort, je dois avouer que celle-ci fut assez difficile à battre. Allez jeter un coup d'œil sur ma chaîne « Daniel Blouin » sur YouTube, ça en vaut la peine. C'est presque difficile à croire. Vous verrez.

Voici finalement où je veux en venir. Après avoir chassé et passé beaucoup de temps avec eux et malgré le fait qu'ils allument encore le feu exactement comme à l'époque de la préhistoire, un aspect en particulier de leur style de vie me frappait et me revenait souvent en tête.

Ces gens n'avaient absolument aucune idée du concept de la retraite, des fonds de retraite, des REER, de l'assurance vie et de tous ces aspects déprimants de notre société. Aucune idée. Ces mots n'existent évidemment même pas dans leur langue et aucune traduction n'est possible tellement ces concepts leur sont complètement inconnus.

Nous, nous connaissons tellement ces notions que nous en développons des cancers à force de stresser avec elles. Je doute que les vieux du clan s'étaient mis des milliers d'écureuils au frais dans une glacière pour finir leurs vieux jours l'esprit en paix ! En tout cas, je n'ai pas vu de glacière. Si elle existait, elle était vraiment bien cachée.

Tout ce que j'ai vu, avec mes propres yeux, directement sur place, était des jeunes qui chassaient et qui rapportaient de la nourriture au clan en la partageant avec les vieux, qui eux fabriquaient des flèches pour ces jeunes qui chassaient. C'est tout. Rien d'autre. Ça, je l'ai vu. Et c'est tout ce qu'il y avait à voir. Les vieux semblaient heureux et toujours bien vivants, même s'ils n'avaient pas eu la précaution de prévoir une glacière d'écureuils morts pour leurs vieux jours.

Imaginez ! Des vieux heureux et bien vivants sans aucun fonds de retraite. Et le pire est qu'ils ne semblaient même pas se stresser avec ça. Quelle bande d'idiots ! Ils sont vraiment retardés, ces Hadzas ! Mais bon, nous sommes beaucoup plus évolués. Nous devons donc avoir raison.

Troisièmement, je demandai également à ma banque de réduire au minimum mes paiements mensuels de prêt hypothécaire, c'est-à-dire que je décidai de payer seulement la portion des intérêts, et ce, sans réduire le capital. Quelle est la différence entre faire ça et payer un appartement dont on ne devient jamais propriétaire ? Aucune. Je fis donc comme si j'étais en appartement, mais dans ma propre maison et à presque la moitié du prix. C'était comme si je payais simplement un loyer, ni plus ni moins.

Je réduisis donc mes paiements mensuels de façon importante, presque de moitié. C'est l'avantage des marges de crédit hypothécaire totalement flexibles. Contrairement aux prêts hypothécaires à taux et à versements fixes et bloqués pour une longue période. La marge hypothécaire est un peu plus chère en ce qui concerne les taux d'intérêt, mais elle est beaucoup plus flexible au besoin. Dans mon cas, cela s'avéra également souvent très utile durant mon parcours en affaires lorsque vint le temps d'avoir accès rapidement à une marge de crédit à faible taux. C'est même par cette marge hypothécaire que j'achète toujours mes voitures... avec un taux avantageux de prêt hypothécaire.

J'évaluai que ces trois coupures (dépenses inutiles, REER, paiements hypothécaires) que je payais au net totalisaient un salaire d'environ 20 000 $ par année avant impôt. À mes revenus annuels encore très respectables, c'était donc comme si je venais d'ajouter, en plus, une augmentation de salaire de 20 000 $. Bref, je me suis retrouvé avec plus d'argent dans mon compte chèque (taxes perçues et impôts déduits) que je n'en avais jamais eu auparavant et aucune dette de plus, car je n'avais jamais eu à piger dans mes économies des vingt dernières années. Je pouvais payer n'importe quel imprévu et je n'avais aucun stress financier.

Et, comble de bonheur, je n'avais jamais eu autant de temps libre et ça faisait longtemps que je ne m'étais pas senti aussi léger et heureux. Ma fille, Noémie, m'a même avoué qu'elle ne s'ennuyait pas de l'époque où j'étais « sérieux ». C'est tout dire de ma transformation. Je n'avais plus la sensation de toujours me sentir pressé pour rien. J'étais profondément heureux et zen.

C'était évidemment une stratégie financière à court terme, simplement pour souffler un peu et pour me permettre de prendre le temps de bien choisir ce dont j'avais envie. J'envisage un jour de me remettre à investir dans mon REER et à augmenter mes paiements mensuels afin de réduire mon « hypothèque ». Mais je dois avouer que je ne suis vraiment pas pressé. Pas du tout, même ! Et cela prendra le temps que ça prendra ! J'ai décidé que ce stress n'en valait pas la peine pour l'instant. On s'en reparlera lorsque j'aurai quatre-vingt-dix ans. Si je me rends là.

Je n'ai vraiment rien appris des Hadzas de Tanzanie. Quel con suis-je ! J'ai vu de mes propres yeux un concept de retraite qui semblait fort bien fonctionner sans aucune angoisse d'accumuler des économies. Pourtant, je ne suis pas capable de l'appliquer dans ma propre vie. J'ai vraiment un blocage !

Aurais-je peur que mes jeunes n'aient pas envie de partager leur butin de chasse avec moi quand je serai vieux ? Aurais-je peur de ne pas pouvoir compter sur mes enfants pour être un vieux heureux et sans tracas lors de mes vieux jours ? Ai-je vraiment peur que mes enfants puissent me laisser mourir de faim et dans la pauvreté si je n'ai pas prévu une glacière remplie d'écureuils bien au frais ? Est-ce si difficile pour l'ego d'une personne âgée dans notre société de pouvoir compter sur ses enfants le temps venu, comme le font si bien les Hadzas ?

Je ne le saurai jamais, car mon blocage est vraiment beaucoup trop ancré. Je réalise que c'est beaucoup plus facile à dire qu'à faire. Il ne me reste donc qu'à angoisser avec mon fonds de retraite. Pauvre moi ! À moins que je me donne comme défi d'arriver à me déprogrammer ? Je vous tiendrai au courant.

Avec les chasseurs de la tribu nomade des Hadzas en Tanzanie. Au bas, le guide Datoga me présente les différentes flèches empoisonnées avec lesquelles nous allons chasser. Il côtoyait les Hadzas lorsqu'il était petit et il réussit encore à communiquer avec eux.

Le chasseur hadza me montre fièrement sa prise. Vous pouvez remarquer d'autres prises qu'il a attachées à sa ceinture. Dire qu'ici, certains ont de la difficulté à viser un orignal avec un arc professionnel…

Après avoir mangé nos oiseaux en hors-d'œuvre, nous faisons cuire nos deux petits écureuils sur la braise. Je ne vois plus nos écureuils canadiens et très gras de la même façon.

Dans ce même ordre d'idées, si les Suisses ne réussissent jamais dans une vie à payer leur maison tellement elle coûte cher et qu'ils se refilent de génération en génération l'« hypothèque » à payer, je me suis dit que ça ne serait certainement pas la fin du monde si moi, je réussissais à la payer à cent pour cent en vingt-cinq ans au lieu d'en dix ans. Y a-t-il vraiment une urgence à donner un héritage immense à mes enfants ? Je ne crois pas.

Par contre, je ne savais pas encore ce que je voulais faire précisément de ma vie, mais je me souviens encore d'avoir partagé avec ma confidente, Élaine, que je n'avais pas le goût de vendre pour vendre. Je n'avais aucunement le goût de gagner de l'argent seulement pour gagner de l'argent. Je n'avais même pas envie d'accepter une proposition d'affaires, même si l'on me garantissait à cent pour cent que je deviendrais riche ou millionnaire et qu'au bout du compte, le but n'était que de gagner de l'argent.

Je désirais plus que ça. J'aspirais maintenant à un sens humain à ce que je faisais. J'étais à la recherche d'une mission plus que d'un simple gagne-pain. Et même, à bien y penser, l'expression « gagner sa vie » me déprime totalement. Je ne sais pas pourquoi, mais cela me donne l'impression d'un camp de concentration où il ne suffit que de « faire son temps », c'est-à-dire opter pour un mode de survie où toute idée de liberté semble illusoire. Et c'est sans parler des deux journées de libération conditionnelle du samedi et du dimanche.

L'idée qu'une personne ne puisse pas survivre quelques semaines sans salaire me renverse totalement. Si l'on n'appelle pas ça une prison à ciel ouvert ou une situation de travaux forcés, je n'ai aucune idée comment cela se nomme.

Pour moi, il n'y a rien de plus triste. Je ne juge aucunement, ici, je ne fais que constater une réalité très répandue.

Je ne savais pas trop encore si je désirais m'orienter vers un travail à caractère plus humanitaire ou quoi que ce soit du genre. Par contre, je savais que c'était vers cela que je tendais, mais pas totalement non plus. La seule phrase que je me répétais constamment et que je voulais pouvoir dire chaque jour dans mon nouveau travail était la suivante : « Je ne peux pas croire que je suis payé pour faire ce travail. Je suis vraiment trop privilégié ! » C'était quasi devenu une obsession. La lumière fut, un peu plus tard.

La fable du pêcheur mexicain

Durant cette même période de légèreté et de bonheur, je tombai par hasard sur une petite fable d'un pêcheur mexicain, tirée du livre *La semaine de 4 heures*, de Timothy Ferriss, qui représentait exactement ce que je vivais et mon état d'esprit du moment. Je la trouvai incroyablement pertinente et certainement applicable à ma situation. La voici :

> *« Sur les ordres de son médecin, un homme d'affaires américain est parti en vacances au Mexique, dans un petit village au bord de la mer. Le premier matin, incapable de se rendormir après un coup de téléphone urgent de son bureau, il sort marcher jusqu'à la jetée pour se changer les idées. Un petit bateau avec un pêcheur à son bord est à quai et, dans le bateau, il y a plusieurs gros thons jaunes. L'Américain complimente le Mexicain sur sa pêche :*

— Vous les avez pris en combien de temps ? demanda l'Américain.

— Pas très longtemps, répondit le Mexicain dans un anglais impeccable.

— Pourquoi est-ce que vous ne restez pas en mer plus longtemps pour prendre davantage de poissons ? demanda alors l'Américain.

— J'en ai suffisamment pour faire vivre ma famille et en donner quelques-uns à des amis, dit le Mexicain tout en déchargeant sa pêche dans un panier.

— Mais le reste du temps, vous faites quoi ?

Le Mexicain relèva la tête en souriant :

— Je me lève tard, je pêche un peu, je joue avec mes enfants, je fais la sieste avec ma femme, Julia, et tous les soirs je vais jusqu'au village boire du vin et jouer de la guitare avec mes amis. J'ai une vie riche et bien remplie, señor.

L'Américain éclata de rire et bomba le torse :

— Monsieur, j'ai un MBA de Harvard et je peux vous aider. Vous devriez passer davantage de temps à la pêche et, avec les bénéfices, acheter un plus gros bateau. En un rien de temps, vous pourriez acheter plusieurs bateaux. Et vous finirez à la tête d'une flottille de pêche.

Il poursuivit :

— Au lieu de vendre votre poisson à un intermédiaire, vous le vendriez directement aux consommateurs, et vous finiriez par ouvrir votre propre conserverie. Vous contrôleriez le produit, la transformation et la distribution. Il vous faudrait alors quitter ce petit village, naturellement, pour vous installer à Mexico, puis à Los Angeles et, pourquoi pas, à New York, où vous trouveriez les bonnes compétences pour continuer à développer vos activités.

Le pêcheur mexicain demanda alors :

— Mais, señor, *ça prendra combien de temps tout ça ?*

À quoi l'Américain répondit :

— Oh, quinze à vingt ans. Vingt-cinq ans max.

— Et après, señor *?*

L'Américain rit et dit :

— C'est là que ça devient vraiment intéressant. Au bon moment, vous entrez en bourse, vous vendez le capital de votre société et vous devenez très riche. Vous gagneriez des millions.

— Des millions, señor *? Et après ?*

— Après ? Vous prenez votre retraite et vous vous installez dans un petit village au bord de la mer, où vous dormez tard, pêchez un peu, jouez avec vos enfants, faites la sieste avec votre femme et allez faire un tour au village, le soir, boire du vin et jouer de la guitare avec vos amis... »

Bien qu'elle puisse vous sembler un peu exagérée et simpliste au premier abord, je trouve cette histoire tellement juste, vraie et extrêmement représentative de ma façon de penser erronée d'avant, de l'époque où je croyais naturel et normal de toujours vouloir donner de l'expansion à mon entreprise de communication, de toujours vouloir grossir et de toujours en vouloir plus. Dans quel but, au juste ?

Dans l'unique but d'éventuellement gagner assez d'argent pour seulement avoir peut-être un jour plus de temps libre ? Pourquoi ne pas profiter de ce temps libre tout de suite et avoir besoin automatiquement de gagner moins d'argent ? Et surtout, au détriment de quoi ? De ma santé physique et mentale ? Au détriment de ne plus être fidèle à mes vrais goûts, à mes désirs et à mes aspirations quotidiennes ? Pourvu que mes besoins de base soient assurés, est-ce que les stress engendrés par le fait d'en vouloir toujours plus en valent réellement la peine ?

On entend souvent: « Que feriez-vous si vous étiez millionnaire ? » La réponse à cette question peut souvent s'avérer étonnamment facilement réalisable à très court terme, au-delà de toutes les options de luxe inutiles et superficielles. Je crois que nous sommes tous souvent beaucoup moins difficiles à satisfaire que nous le croyons.

Ça me rappelle que j'ai toujours trouvé triste et un peu ridicule que certaines personnes se tuent à l'ouvrage dans de grosses villes, comme New York, et vivent une vie de fou seulement dans le but d'amasser assez d'argent afin de pouvoir se payer un jour un petit coin de nature dans les Hamptons. Elles vivent quotidiennement le stress de la ville en repoussant à des dizaines d'années leur rêve de verdure et de grands espaces. Un peu pathétique, non ?

Moi, si j'étais à leur place, j'arrêterais immédiatement ma surdose de stress et je cesserais de me tuer au travail dans la cohue de la ville si je n'aime pas la vie urbaine. Pourquoi ne pas aller vivre dès maintenant dans un autre coin de nature beaucoup moins dispendieux ? Automatiquement, je n'aurais plus à habiter à New York et à payer un prix de fou pour un appartement sur l'île de Manhattan.

Je n'aurais qu'à adapter mon travail ou mon style de vie. Je pourrais obtenir cela probablement beaucoup plus rapidement qu'en passant ma vie à essayer de devenir millionnaire pour finalement être capable d'aboutir au même endroit, c'est-à-dire en campagne ! Pourquoi pas ?

Le simple fait d'acheter une maison deux, trois ou quatre fois moins dispendieuse ailleurs que dans les Hamptons et d'économiser sur un paiement mensuel d'un appartement à Manhattan, cela représente combien de milliers de dollars d'économies par année ? Je ne suis pas comptable, mais mon petit doigt me dit que ces personnes auraient certainement besoin alors de revenus beaucoup moins mirobolants afin de vivre dans leur endroit de rêve.

Je suis peut-être simpliste, mais je crois à cela dur comme fer, car je l'ai déjà fait moi-même. Je n'ai plus besoin d'essayer d'accumuler des dizaines de milliers de dollars à Montréal pour m'acheter un chalet dans le nord, car je vis maintenant à temps plein dans mon chalet de Lac-Beauport, et ce, avec une seule « hypothèque » à payer et sans aucun aller-retour à me « taper » le vendredi et le dimanche soir.

Les salaires sont évidemment souvent moins élevés à Québec qu'à Montréal. Et alors ? Chaque fin de semaine, je vis donc comme un multimillionnaire de New York, c'est-à-dire avec un terrain, une vue sur la montagne, en pleine nature ! Et si l'adrénaline de la mégaville me manque, je ne suis alors qu'à une heure d'avion d'une petite saucette à New York.

Bref, je crois que nous avons, tout un chacun, toujours le choix de tout ! Peu importe notre situation ou les circonstances, peu importe la direction du vent, il ne s'agit que d'ajuster nos voiles pour nous rendre là où nous le voulons.

Mon saut dans le vide le plus réel avec l'île d'Orléans en arrière-plan.

À l'époque où j'étais guide équestre et où je surmontais ma peur des chevaux. Je n'avais pas peur de les monter. J'étais surtout hypercraintif quand je me retrouvais à les brosser dans un petit *box* fermé avec leurs fesses à quelques centimètres du nez. Je surmontais ma phobie que les chevaux se mettent à paniquer et qu'ils me tuent à coups de patte arrière.

Après plus de deux heures de course et 21,1 km, habillé de mon beau et long maillot de bain pas du tout au *look* standard marathonien.

À Victoriaville, sur la ligne de départ de ma première course de motocross à vie.

Quelques minutes tout juste après avoir survécu à ma première course de motocross. Mon chandail noir et mes jambières posées par-dessus mes pantalons d'armée. Pas très à la mode en course.

Quelques minutes de concentration juste avant le départ. Ce n'était plus mon premier départ.

Photo : Julie Morin

L'affiche promotionnelle de mon combat de boxe.

Avec mes filles, Noémie et Sarah, au Colisée de Québec. Sarah avait obtenu une troisième position.

Un nouveau chapitre de vie

Après avoir vécu plusieurs mois d'ouverture totale à être prêt à recevoir l'inspiration et à vivre d'espoir, ce temps de réflexion a porté des fruits et vient de prendre fin récemment. Eurêka, j'ai trouvé ! Ouf ! Je sais qu'une seule chose m'excite et m'inspire autant que ce que j'espérais.

Aujourd'hui, je sais que j'ai désormais la ferme intention d'aider tous ceux qui songent à effectuer un changement dans leur travail, leur carrière ou leur vie, mais qui n'osent pas prendre le risque de sortir de leur zone de confort. J'ai le goût de raconter et de faire connaître les milliers d'histoires vécues de gens qui ont, tout comme moi, décidé de sauter en bas du train de leur vie pour vivre autre chose.

J'aimerais que mon travail devienne une forme de recueil ou de point de chute pour toutes les personnes qui ont vécu des sorties de zone de confort dans leur vie, qui ont pris le risque du changement ou qui y songent à l'heure actuelle. J'aimerais que mes compilations de témoignages deviennent un point de référence ou d'inspiration pour ceux qui se posent également la question à savoir s'ils sont bel et bien arrivés au bout d'un chapitre de leur vie professionnelle ou personnelle.

Je souhaite que les personnes en réflexion puissent y lire d'autres histoires vécues qui pourront certainement les inspirer ou provoquer un déclic. Les différentes histoires seront probablement plus rocambolesques ou surprenantes les unes que les autres. Chacune aura aussi probablement ses hauts et ses bas ainsi que ses propres obstacles surmontés. J'aimerais que mon travail devienne maintenant un cumul d'histoires vécues et inspirantes.

Des histoires du genre pleuvent autour de nous. Seulement autour de moi, j'ai vu et entendu plusieurs beaux récits concrets, comme une technicienne en loisir devenue infirmière, une programmeuse-analyste devenue éducatrice spécialisée, un journaliste devenu avocat, puis une directrice de marketing d'une grande entreprise ouvrit une boutique de cadeaux, un propriétaire d'une agence de publicité devint réalisateur de films, un portier devint prof de physique à l'université, un entrepreneur en déneigement devint agent immobilier, un directeur de station de télé devint camionneur, une chauffeuse d'autobus devint journaliste, etc.

Il y a d'autres histoires de personnes plus connues, par exemple celle d'une serveuse devenue chanteuse pour enfants (Annie Brocoli), d'un propriétaire de mine devenu maire d'une grande ville québécoise (Régis Labeaume), d'un vétérinaire devenu humoriste (François Bellefeuille), du gérant d'Éric Lapointe (chanteur très connu au Québec) devenu ministre de l'Environnement

(Yves-François Blanchet) ou d'un avocat français témoin de l'attentat du World Trade Center devenu comédien à succès en Europe (François-Xavier Demaison).

Je suis convaincu que nous vivons tous, un jour ou l'autre dans notre vie, jeunes ou vieux, femmes ou hommes, riches ou pauvres, et peu importe notre domaine d'activité, une période où le sens n'y est plus. Ce n'est rien de « mal » et ce n'est la faute de personne.

C'est la vie, tout simplement. Et elle est constamment en mouvement.

Cela n'a rien à voir non plus avec la renommée, la richesse, le prestige ou le pouvoir. Cela a seulement à voir avec la conviction profonde de ne plus être à la bonne place et de ne plus vibrer tellement nos aspirations ne sont plus en harmonie totale avec ce que nous faisons chaque jour. Il ne s'agit que d'une recherche de sens au quotidien, que d'une raison d'être qui donne le goût d'avancer et qui nous allume en posant le pied en bas du lit chaque matin.

Combien de fois ai-je croisé des gens très bien nantis avec une belle carrière, mais qui semblaient tellement vivre à côté de leur véritable nature? Ils me donnaient l'impression de vivre dans une prison dorée. Certaines personnes semblaient souvent essayer de se convaincre elles-mêmes du contraire. Ces dernières sont souvent très conscientes qu'elles aimeraient vivre autre chose, mais elles n'osent pas passer à l'action à cause de différents blocages souvent inconscients ou de prétextes.

Tout le monde sait très bien comment perdre du poids. Il n'y a vraiment aucun mystère à ce sujet. Par contre, avons-nous tous la taille parfaite seulement parce que nous savons comment y parvenir ? Non. Il y a beaucoup à faire avant de réussir. Agir et passer à l'action demandent bien plus qu'une simple conscience rationnelle. Ça demande un désir, une volonté et une motivation ardente de passer à l'action pour devenir profondément plus heureux.

Dans le cas contraire, l'acquisition de biens de luxe et les petites « gâteries » représentent souvent seulement une façon de compenser le vide ou de se consoler en se disant que si l'on est malheureux, au moins, on peut se payer ce genre d'objets compensatoires. Je n'ai rien contre l'argent, bien au contraire. Il est très réaliste d'être heureux et d'être riche, ce n'est pas du tout le point. Je trouve seulement triste de gâcher son unique vie à vouloir gagner de l'argent à tout prix, au détriment d'autres aspects beaucoup plus importants.

Selon certaines publications françaises, 500 000 personnes actives ont quitté Paris et sa région pour la campagne. À l'ère du train à grande vitesse, des 35 heures par semaine et des nouvelles technologies, le bonheur semble être dans le pré. Des sondages français montrent entre autres que 44 % des gens rêvent de prendre la clé des champs et de repartir à zéro dans un petit village. Et 33 % sont persuadés que, dans 10 ans, ils auront déménagé.

Cela ne signifie pas non plus que nous rêvons tous de vivre en campagne. Il ne faut pas tous tomber non plus dans le piège d'idéaliser à outrance d'autres styles de vie. Il n'y a pas que des avantages à vivre dans le pré. Ces statistiques démontrent seulement que le désir de changement n'est souvent pas un simple cas d'exception.

Je sais que le gouffre paraît parfois bien profond lorsque vient le temps de quitter une zone de confort. Plus il y a gros à perdre, soit en argent, en prestige, en sécurité, en valorisation et au regard des autres, plus il est évidemment difficile de faire face à son malaise. Cela est normal, car le risque de perdre est plus grand. Il me fut bien évidemment beaucoup plus difficile de vendre mon entreprise à quarante ans avec trois enfants et un bon salaire que de partir pour Montréal avec mon oreiller à vingt-trois ans.

Mauvaises raisons

Je crois qu'il faut également bien faire la différence entre divers types d'insatisfactions, car il ne s'agit pas de changer seulement pour changer et de tout plaquer à la première tempête ou au premier obstacle venu, ce qui peut sembler très tentant parfois, mais qui peut s'avérer être pour de très mauvaises raisons. Mon observation personnelle m'a fait relever dans mon entourage quelques-uns de ces points que je crois être de mauvaises raisons d'effectuer de grands sauts dans le vide :

- **Se plaindre** pour se plaindre sur sa situation uniquement à cause d'une mauvaise attitude. Combien de gens autour de nous semblent toujours vivre sous un nuage noir et ne jamais être heureux, peu importe leur situation ? Ce n'est pas parce qu'ils ne sont pas sur leur voie. Peu importe leur situation, ils ne seraient pas plus heureux et ne verraient que le mauvais côté des choses, de toute façon.

- **Croire** que le gazon semble toujours plus vert chez les voisins et être constamment malheureux à force de comparer sa situation à celle d'autres personnes qui semblent plus favorisées. Il est tellement facile de tomber dans ce piège. Parlez-en aux joueurs de hockey qui gagnent un million par année, mais qui considèrent qu'ils devraient en gagner quatre comme leur coéquipier. Il y aura toujours d'autres personnes qui pourront nous déprimer si nous nous comparons à elles. Mais il ne faut jamais oublier qu'il y en a également tout autant, sinon beaucoup plus, qui peuvent nous faire apprécier grandement notre sort. Nous avons tous trop souvent tendance à idéaliser la vie des autres, à ne nous attarder qu'aux aspects positifs sans être conscients de l'envers de chacune des médailles. Elles en ont toutes un.

- **Croire** que l'on n'aime plus son travail alors qu'en réalité le simple fait d'ajouter seulement la pratique d'un passe-temps ou d'un nouveau défi complémentaire ajouterait le petit piquant et la passion qui manquent. Ce n'est pas parce qu'un travail n'a pas les attributs les plus excitants du monde qu'il n'est pas possible de compenser le manque d'adrénaline par la pratique d'un passe-temps trépidant ou l'ajout d'un tout nouveau volet à ses activités professionnelles.

- **Vivre** une mauvaise période (marché non favorable, difficultés financières d'une entreprise, fatigue accumulée, etc.). Il est évident qu'un mauvais contexte économique ou qu'un épuisement n'a rien d'agréable. Par contre, cela ne signifie pas non plus que vous n'êtes pas passionné par ce que vous faites et que cette situation ne peut pas s'améliorer.

- **Être irrité** uniquement par un seul élément qui fait voir tout le reste en noir (par exemple, un collègue, une tâche précise, le transport, les horaires, un environnement quelconque, etc.). Il y a évidemment toujours une solution à ces problèmes que je considère comme plus mineurs. Ils peuvent certainement être réglés sans avoir à tout plaquer. Un peu d'imagination ou une bonne communication pourraient arranger le tout. Par exemple, ce n'est pas parce qu'un comptable a trop de dossiers et trop de clients qu'il n'aime pas ce qu'il fait. Il ne s'agit que de quantité, et non de la nature même de la tâche.

Je crois qu'il s'agit de nombreuses sources d'irritants qui ne doivent pas du tout conclure à un manque de cohésion entre notre quotidien et nos aspirations profondes. Je les considère seulement comme des obstacles auxquels il y a souvent des solutions qui ne nécessitent pas un changement de cap radical.

J'ai dû moi-même faire face à ces questions avant d'effectuer mes changements de vie pour être certain de les faire pour les bonnes raisons. Avais-je seulement une mauvaise attitude ? Me comparais-je trop à d'autres qui profitaient d'une meilleure situation ? Étais-je seulement épuisé ? Essayais-je de fuir quelque chose ?

La seule façon que j'ai trouvée afin de répondre à toutes ces questions fut la suivante. Admettons que tout va parfaitement bien dans le meilleur des mondes, que tout va très, très bien, qu'il n'y a absolument aucun problème précis en vue, que j'ai la bonne attitude, que je me trouve privilégié comparé à d'autres, que je fais de l'argent, que j'ai de l'énergie, que mes relations sont excellentes, que j'ai l'horaire parfait, etc.

Admettons tout cela !

Serais-je quand même encore passionné et serais-je encore amoureux de mon travail ? Aurais-je quand même encore le goût de « développer », de constamment apprendre et de m'améliorer tellement j'aime ce que je fais ? Serais-je encore aussi motivé à me lever le matin et à faire ça encore très longtemps tellement j'aime ça ?

Et si j'étais millionnaire ou semi-retraité et que je pouvais décider de mon propre rythme, ferais-je encore ce travail ? S'il ne me restait que deux années à vivre ? Si l'on me garantissait à cent pour cent que je n'échouerais pas en effectuant un changement quelconque ?

Après avoir répondu à toutes ces questions, continuerais-je à vivre cette vie actuelle ou la changerais-je assurément, partiellement ou radicalement ? La réponse à ces questions m'a toujours automatiquement confirmé les décisions que je devais prendre. Il est vrai que la réponse peut faire peur et peut être difficile à assumer par rapport au sentiment de gouffre que le grand saut peut représenter.

En constante mutation

Ce genre d'interrogations peut se produire une seule fois ou à plusieurs reprises dans une vie. Je le sais. Je l'ai vécu moi-même plusieurs fois déjà et je le vivrai encore peut-être dans le futur. La seule chose que je crois immuable dans la vie et l'histoire du monde, c'est que tout est continuellement en changement et le sera toujours : mes envies, mes goûts et mes aspirations incluses.

Il ne tient qu'à moi d'être constamment à l'affût de mes aspirations pour toujours être sur la bonne voie, toute ma vie durant. Je me souhaite encore aujourd'hui de ne pas me laisser prendre au piège de la routine, du confort, de la sécurité ou de nombreuses limites et barrières que nous

nous imposons souvent à nous-mêmes par peur du risque ou de l'opinion des autres.

Ça me rappelle avoir été traumatisé par le goût horrible de la bière de mon père lorsque j'étais petit. Je ne pouvais pas croire qu'un humain puisse boire ce liquide et avoir le sourire aux lèvres. C'est fou à quel point nos goûts changent, hein ? En tout cas, quelle transformation de goût dans mon cas ! À présent, je suis en effet très capable de sourire en buvant une bière. Je n'aurais absolument jamais parié là-dessus à sept ans.

Si la simple idée de quitter un jour votre zone de confort ne vous a jamais traversé l'esprit, n'a jamais été un sujet de réflexion pour vous, c'est probablement parce que vous êtes exactement à l'endroit où vous désirez être en ce moment. Appréciez-le et jouissez-en. Vous pouvez également vous considérer comme une personne privilégiée qui vibre dans son quotidien.

Par contre, demeurez toujours alerte à votre petite voix dans l'avenir, car la vie peut être longue et sera peut-être composée de plusieurs autres chapitres à venir. Écoutez bien votre instinct et suivez-le !

Je n'ai jamais considéré comme un échec ou un manque de persévérance le fait de m'avouer « n'avoir tout simplement plus le goût de quelque chose et d'avoir le désir de passer à autre chose ». Qui a dit que je devais faire la même chose toute ma vie, surtout de nos jours ? Au contraire, avec le recul, je peux confirmer que cela aurait été chaque fois des échecs si j'étais resté dans ma zone de confort au lieu de suivre mon instinct.

Je ne regrette tellement pas mes changements de cap. Je reprendrais exactement les mêmes décisions si c'était à refaire. Mes sauts dans le vide m'ont toujours ouvert et mené vers des horizons et des occasions opportunes dont je n'aurais même pas pu deviner l'existence autrement. Je remercie le ciel encore chaque jour d'avoir su assumer mes insatisfactions et d'avoir toujours osé provoquer le destin. Je suis très heureux d'avoir toujours suivi mon instinct et de ne m'être jamais laissé arrêter par les « oui, mais si… » qui avaient toujours peur du pire.

Cela dit, ce n'est pas parce que je reprendrais exactement les mêmes décisions que cela signifie automatiquement que mes sauts dans le vide se firent sans aucun stress et sans aucun obstacle à surmonter. Le bonheur est loin d'être confortable si l'on ose. La vie n'est pas non plus qu'un long fleuve tranquille. Il y a évidemment du courant, des rapides et des zones de turbulences à travers lesquels nous devons tous passer.

Même notre époque en général semble également favorable au changement. Améliorer son lieu de vie et son rythme de travail, exercer plusieurs métiers… Sans compter qu'avec l'augmentation considérable de l'espérance de vie, un couple aujourd'hui peut envisager de vivre facilement ensemble plus de quarante-cinq ans, contre dix-sept au XVIIIe siècle. Les séparations, les divorces et les familles recomposées font maintenant partie de la vie.

« Changer de vie a longtemps été perçu comme un simple fantasme irrationnel. Ce n'est plus le cas, c'est même devenu la norme. Les Français sont mobiles pour un *job* qui les intéresse ou pour concrétiser un rêve », remarque Martine Mauléon, directrice générale de Demain, une chaîne câblée de l'emploi et de la formation en France.

« Des milliers de personnes par mois consultent la banque de données interactive de cette “chaîne de services et de contacts”, dans l’espoir de s’inventer une nouvelle vie dans un nouveau lieu. »

Signe des temps : depuis la fin de 1997, elle a ouvert des bureaux en province – Marseille, Bordeaux, Limoges –, a déjà proposé 450 000 emplois en France et à l’étranger et 2 000 entreprises à reprendre. « L’argent n’est pas leur motivation première. Ils veulent simplement vivre mieux », dit-elle.

Vous ne pouvez pas imaginer à quel point je suis heureux d’avoir quitté Québec pour Montréal à 23 ans sans savoir où je coucherais le soir même et où rien ne m’attendait. Quelle belle période de ma vie ce fut et quelle expérience incroyable j’ai acquise ! Tellement ! Jamais il ne m’aurait été possible non plus de fonder Mercure avec mon associée sans cette expérience acquise à Montréal.

Vous ne pouvez pas imaginer à quel point je suis content d’être revenu à Québec. Je ne m’imaginerais tellement pas vivre à Montréal aujourd’hui, bien que j’aie adoré y vivre cinq années. J’habite toujours dans la même maison que j’ai achetée sur un coup de tête et je ne m’imaginerais tellement pas vivre ailleurs.

Même si mon déménagement à Québec pouvait sembler complètement irrationnel à l’époque, je peux confirmer aujourd’hui que ce fut la meilleure décision d’affaires que j’aie pu prendre sans le savoir. Jamais je n’aurais eu cette occasion de créer une aussi belle entreprise de communication dans le même domaine à Montréal, car le marché y est complètement différent.

De plus, c'est exactement à l'époque où je démissionnai de mon emploi de producteur de disques que cette industrie se mit à chuter radicalement à cause d'Internet. Sans le savoir, je partais au meilleur moment, par surcroît. Je me retirais juste avant les pires années à venir pour cette industrie. Je n'ai donc vraiment rien manqué. Quel beau hasard ! J'aurais peut-être même perdu mon emploi si j'étais demeuré à Montréal. Qui sait ? La vie est bien faite !

Comble de tout, c'est maintenant au tour de la ville de Québec de vivre un vent d'optimisme contrairement à Montréal. Revirement complet de situation et d'atmosphère générale dans les deux villes. Quel autre hasard fantastique ! La vie est doublement bien faite !

Pouvez-vous me donner une seule et unique bonne raison pour laquelle je n'aurais pas dû revenir dans mon patelin ? Et je n'ose même pas imaginer à quel point je ne regretterais pas mon choix s'il fallait que les Nordiques[28] reviennent un jour. Le nirvana.

Bien que j'aie beaucoup moins de recul sur mon dernier saut dans le vide que sur les autres, je suis tellement heureux d'avoir osé démissionner de mon travail en communication et d'avoir vendu les parts de mon entreprise. C'était vraiment ce que je devais faire. J'étais rendu là. Ce n'était pas plus compliqué que ça.

Dans les mois suivant mon départ de Mercure Communication, plusieurs personnes me demandaient souvent si je

28. Les Nordiques de Québec ont été une franchise de hockey sur glace professionnelle basée dans la ville de Québec mais qui déménagea à Denver au Colorado sous le nom de « L'Avalanche » en 1995.

regrettais ma décision. Question évidemment pertinente que j'aurais probablement moi-même posée si j'avais été à leur place. Ma réponse fut toujours la suivante, même au début, lorsque je n'avais absolument aucune idée de ce que j'allais faire pour la suite : « Même si je deviens éboueur, plongeur dans un restaurant, chauffeur de taxi, ou peu importe le prestige de mon prochain métier, je suis absolument en paix avec ma décision de partir. Je sais avec conviction que JAMAIS je ne regretterai d'avoir changé de cap, quoi qu'il advienne. »

Ma réponse peut sembler un peu simpliste, irréaliste ou fleur bleue. Il n'en demeure pas moins qu'elle ne pouvait pas être plus sincère et honnête. J'ai toujours été totalement en paix avec mes décisions et je n'ai jamais eu peur des suites incertaines. Je peux même dire que ma dernière année fut extraordinaire. Je me suis rarement senti aussi bien, aussi léger et aussi libre. Je dis même souvent qu'« avoir su, j'aurais pris cette décision bien avant tellement je suis heureux d'avoir effectué ce changement de vie ».

Grâce à mon dernier saut dans le vide, j'ai de la difficulté à croire que je me retrouve en ce moment en train d'écrire un *fucking* livre. *Fucking* dans le sens « j'ai encore de la difficulté à y croire ! » Il est absolument certain que je ne serais pas en train d'écrire si je n'avais pas osé vendre mon entreprise et démissionné de mon emploi. Jamais, jamais, jamais je n'aurais pu m'imaginer devenir auteur un jour. Jamais.

C'est uniquement une fois projeté dans le vide que l'idée m'est venue. Pas avant. De toute façon, comment aurais-je pu penser écrire un livre sur ce même sujet si je n'avais pas osé moi-même prendre le risque de changer ma propre vie ? Impossible. C'était uniquement après avoir sauté que je pouvais avoir cette idée.

Je peux vous assurer qu'actuellement, je suis loin d'être dans une zone de confort en racontant ma vie sur un clavier d'ordinateur. Je serais beaucoup plus à l'aise d'effectuer mille autres choses que d'écrire des dizaines et des dizaines de pages de texte. Par contre, comme à chacun de mes changements, j'ai totalement l'impression de me dépasser et de progresser une fois de plus. Et j'adore cela. Comme le dit si bien Annie Brocoli dans sa préface tellement juste, j'ai vraiment l'impression de changer de souliers et de grandir.

À chacune des touches de clavier, je vis à la seconde même le sentiment de dépassement qui suit les mises à risque dont je suis exactement en train de vous parler dans ce livre. Je le vis exactement au même moment où je l'écris. Assez bizarre merci.

Que mon livre obtienne un succès considérable ou modeste, je pourrai quand même dire que j'ai écrit un livre dans ma vie. Ce simple fait me rend heureux. Si je me retrouve le jour de mon décès avec 0 $ de REER, je pourrai au moins laisser ce livre en héritage à mes enfants. Ils préféreront probablement beaucoup plus des dollars, mais bon, ce sera quand même mieux que rien !

Combien de bonnes raisons très rationnelles auraient pu me freiner dans mes aspirations au changement au cours de mes vingt dernières années ? Il y en avait tellement...

« Voyons, Daniel, ... :

- ... tu as trois enfants à faire vivre ! »

- ... tu as une maison à payer ! »
- ... tu n'as pas le fonds de retraite d'un travailleur du secteur public ! »
- ... tu n'auras même pas droit à l'assurance emploi ! »
- ... qui t'assure que ça tournera bien ? »
- ... tu as étudié en marketing, tu ne connais rien d'autre ! »
- ... tu n'as même pas d'expérience ou de contacts dans d'autres domaines ! »
- ... tu démissionnes de ton emploi et tu ne sais même pas ce que tu feras ! »
- etc.

Ou d'autres raisons, plus émotives, comme les suivantes :

- « Que diront et penseront les autres ? »
- « Tu perdras ton réseau social et ton statut ! »
- « C'est vraiment égoïste comme décision ! »
- « C'est vraiment irresponsable ! »

Je dois avouer que c'étaient tous d'excellents arguments pour que je demeure bien amarré au port et pour que je ne prenne pas le large. Par contre, une chose est certaine. Des milliers de personnes ont déjà pris ce même genre de risque dans le passé. Elles ont probablement toutes dû affronter ces mêmes questions ou craintes avant de le faire. Comment ont-elles fait et pourquoi ? Elles seules le savent et il n'y a pas deux histoires pareilles. Chacune a vécu ses propres doutes et difficultés, mais chacune en a également récolté les fruits... pour le meilleur et pour le pire.

Et pour le pire signifie également que certaines de ces histoires ne se sont peut-être pas avérées nécessairement positives au bout du compte, contrairement à la mienne et à celle d'autres personnes de mon entourage. De ces histoires aux dénouements moins heureux, probablement que plusieurs points en commun ou erreurs à éviter peuvent servir de leçons. De plus, sans avoir nécessairement fait le grand saut, certaines personnes ont peut-être choisi le statu quo ou ont tout simplement décidé de ne modifier qu'un seul aspect mineur de leur vie à la suite de leur réflexion.

Je suis très conscient de mon tempérament un peu extrémiste, et c'est loin d'être une nécessité absolue pour provoquer des changements dans une vie. Certains privilégieront probablement un cheminement plus lent ou beaucoup plus réfléchi que moi. Nul besoin d'être un « sang chaud » ou un « intempestif » pour assumer ses insatisfactions et prendre la sortie de son autoroute.

Changer et sortir de sa zone de confort n'impliquent pas automatiquement de tout plaquer. Loin de là. Il ne peut s'agir que d'ajouter un nouveau volet ou une activité complémentaire à ce que l'on fait tous les jours.

Par exemple, pour un humoriste qui a déjà beaucoup de succès au Québec, cela peut signifier tout simplement de tenter l'aventure européenne, ou pour un animateur à la radio, de tenter un défi à la télé. Et cela n'a absolument rien à voir avec l'argent. Seulement avec le désir de dépassement et de progression.

Pour d'autres, il ne peut s'agir que de voyages. Je considère justement les voyages comme des sorties « contrôlées » de zone de confort. Ils sont de petites mises à risque contrôlées dans l'espace et le temps, question de prendre un peu d'air frais en sortant de sa zone en connaissant d'avance la fin de l'histoire, soit le retour dans ses pantoufles. Un peu plus rassurant que la sensation de gouffre des sauts dans le vide.

L'expression « les voyages forment la jeunesse » ne vient quand même pas de nulle part ! Il est presque impossible de ne pas grandir si l'on ose sortir de sa zone. Sortir de sa zone implique automatiquement d'apprendre. Ce n'est pas étranger au fait que nous en revenions souvent un peu changés.

Nier ses désirs, ses aspirations, ses insatisfactions ou son besoin de se remettre sur sa voie me semble bien triste, considérant que la vie est si courte. Raison de plus si elle vous paraît longue. Je préfère, et de loin, choisir et provoquer ma vie plutôt que la subir. Il ne me suffit que de constamment la choisir et de l'assumer. Il faut se rappeler que nous avons toujours le choix.

Les plus grands regrets

Dans cette lignée d'esprit, j'aimerais vous parler d'une certaine madame Ware[29].

Madame Ware a vu mourir plusieurs personnes. Infirmière en soins palliatifs en Australie, elle accompagne les malades en fin de vie. Elle a remarqué que les regrets qu'on lui confiait en fin de vie étaient souvent les mêmes. Elle a établi le *top* cinq de ceux qui revenaient le plus souvent. À

29. Ware, Bronnie. *Les 5 plus grands regrets au moment de la mort*, Québec, Le Dauphin Blanc, 2013, 288 pages.

lire avec attention afin d'en tirer le meilleur enseignement possible.

Avant de mourir, voici donc les cinq plus grands regrets que les gens ont généralement :

1. **Ne pas avoir eu une vie fidèle à leurs attentes personnelles. Ils regrettent d'avoir mené une vie qui faisait plus plaisir aux autres qu'à eux.**

   « C'est le regret le plus commun, raconte madame Ware. Quand les gens réalisent que leur vie est presque finie et qu'ils ont un regard clair sur ce qu'ils ont vécu, ils voient que nombre de leurs rêves sont restés vains. La plupart des gens n'ont pas réalisé la moitié de leurs rêves et ils doivent mourir en sachant que c'est à cause des choix qu'ils ont faits ou qu'ils n'ont pas faits. Être en bonne santé apporte une vraie liberté. Mais on s'en rend compte seulement quand on ne l'a plus. »

2. **Avoir travaillé si dur.**

   « Ce regret est celui de tous les patients masculins dont je me suis occupée. Ils sont passés à côté de leur jeunesse, de leurs enfants et de la compagnie de leur partenaire. »

3. **Ne pas avoir eu le courage d'exprimer leurs sentiments.**

   « Beaucoup de gens n'ont pas exprimé leurs sentiments pour rester en paix avec les autres. En conséquence, ils ont vécu une vie médiocre et ils ne sont pas devenus ce qu'ils auraient pu être. Beaucoup de maladies se sont développées à la suite de l'amertume et du ressentiment qu'ils ressentaient. »

4. **Ne pas être restés en contact avec leurs amis.**

   « Plusieurs étaient trop pris dans leur vie et ils ont laissé l'amitié s'effilocher. Ils avaient des regrets au sujet de leurs amitiés et du temps qu'ils leur avaient accordé. Plusieurs pensent à leurs amis lorsqu'ils sont en train de mourir. »

5. **Ne pas avoir choisi d'être plus heureux.**

   « C'est surprenant, mais cela revient souvent. Beaucoup ne s'étaient pas rendu compte que le bonheur est un choix. Ils restaient coincés dans leurs vieux schémas et dans leurs vieilles habitudes. La peur du changement fait qu'ils se sont contentés de certaines choses alors qu'au fond, ils aspiraient à rire ou à être à nouveau stupides dans leur vie. »

Dans mon cas personnel, il y en a trois qui me parlent plus particulièrement. Cela dit, les deux autres ne me paraissent pas de moindre importance pour autant. Ils sont seulement moins en lien direct avec le propos de mon livre. Il y a donc trois de ces regrets que j'ai toujours tenté d'éliminer de façon très consciente. Si je devais mourir aujourd'hui, je ne pourrais assurément pas dire :

Point 1 – que je n'ai pas eu une vie fidèle à mes attentes personnelles et que je regrette d'avoir mené une vie qui faisait plus plaisir aux autres qu'à moi-même ;

Point 2 – que je regrette d'avoir travaillé si dur ;

Point 5 – que je regrette de ne pas avoir choisi d'être plus heureux.

Je crois même en avoir fait une obsession. Je ne sais pas pourquoi, mais j'ai toujours été hyperconscient que la vie est courte et très limitée. Bien que curieusement je n'aie jamais encore perdu mon père, ma mère, un ami proche ou mon frère, j'ai toujours eu à l'esprit mon dernier jour. Je me suis toujours fait une promesse de ne jamais avoir les regrets énumérés ci-dessus. J'ai toujours pensé qu'il me serait impossible de vivre pleinement ma vie si je n'étais pas constamment à l'affût de cela.

De toujours avoir eu mon jour dernier à l'esprit m'a souvent rappelé mon urgence de vivre. Je considère que je pourrai affirmer avoir réussi ma vie seulement lorsque j'aurai réussi à gagner la guerre contre les regrets lors de mon dernier souffle. Ma signification du mot *réussite* ressemble un peu à ça, mourir avec le sourire étampé dans la face.

Mon hyperconscience du temps très limité explique évidemment en bonne partie plusieurs décisions majeures que j'ai prises durant mon parcours. Elles sont étroitement liées. Je me suis toujours promis de ne jamais être poussé par le vent et de toujours ajuster mes voiles pour qu'il me mène là où je veux et non au gré de celui-ci. J'assume pleinement ma direction.

Je sais que plusieurs personnes trouvent macabre de penser ainsi à la mort. Au contraire, dans mon cas, cela m'a toujours rappelé que je n'avais pas de temps à perdre pour être heureux. Pour moi, penser à la mort, ça veut dire profiter de la vie. Ce ne seront certainement pas les événements aléatoires de la vie, les conventions ou les autres qui me diront quoi faire et où aller. Quand je serai sur mon lit de mort, personne ne pourra prendre ma place et je n'aurai que moi-même à blâmer si je n'ai pas vécu comme je l'entendais. Et rendu là, il sera évidemment trop tard.

Cette dame Ware a eu la gentillesse et la grande générosité de partager les plus grands regrets de tous ceux qui font face à la mort. Pourquoi n'aurais-je pas l'intelligence de profiter de cette information tellement précieuse afin d'obtenir une vie à la hauteur de mes espérances ? Comment puis-je faire fi de ces commentaires de mourants seulement par prétexte que c'est macabre ou déprimant ?

S'il y a des personnes bien placées pour me conseiller comment vivre et qui n'ont absolument rien à perdre ou à gagner en partageant leurs leçons de vie, ce sont bien les mourants. Qui suis-je pour savoir mieux qu'eux comment vivre alors que je n'ai absolument aucune idée de ce que c'est que d'être à quelques heures de la mort ?

Pourquoi ne pas profiter de leur enseignement précieux et éviter ainsi de regretter des années perdues à vivre comme un poisson rouge ? Un poisson rouge qui vit en sécurité, mais sans plus. Aux dernières nouvelles, je n'ai pas encore entendu souvent l'expression « mordre dans la vie comme un poisson rouge ».

Après avoir pris conscience des leçons apprises par ces mourants, je ne pourrai quand même pas dire « avoir su… ». Là, je sais. Je le savais déjà instinctivement depuis longtemps, mais c'est toujours bon de se le faire rappeler et de se le faire reconfirmer par ceux qui « savent » pertinemment.

Jobs

Steve Jobs, célèbre fondateur d'Apple, a également eu la générosité de partager ses trois leçons de vie qu'il a énoncées lors de son fameux discours devant des milliers d'étudiants de l'université de Stanford en 2005. Il vous est encore possible d'en visionner l'intégralité sur YouTube. C'était quelque temps avant sa mort, en rémission d'un cancer. Il avait déjà vu la mort de très près. Voici donc les trois leçons qu'il avait retenues de la vie :

1. « On ne peut pas faire des liens en pensant au futur, nous pouvons seulement les relier entre eux en regardant en arrière. Il faut donc avoir confiance qu'un jour ces liens se feront d'une quelconque façon. L'essentiel est de croire en quelque chose : votre destin, votre vie, votre karma, peu importe. Parce que le simple fait de croire que les choses se relieront un jour entre **elles vous donnera assez de confiance pour suivre votre cœur même lorsqu'il vous guide hors des sentiers battus**, et c'est ce qui fera toute la différence. »

2. « Je suis convaincu que c'est mon amour pour ce que je faisais qui m'a permis de continuer. C'est essentiel de découvrir ce que l'on aime. C'est vrai dans le travail, comme en ce qui concerne les gens autour de soi. Votre travail occupera une grande partie de votre existence et **le seul moyen d'être pleinement satisfait, c'est d'être persuadé que ce que vous faites est génial. Et la seule façon de faire des choses géniales est d'aimer ce que l'on fait**. Si vous n'avez pas encore trouvé, continuez à chercher. Ne renoncez pas ! »

3. « À dix-sept ans, j'ai lu une citation qui disait à peu près ceci : "Si vous vivez chaque jour comme si c'était le dernier, vous finirez un jour par avoir raison !" Elle m'était restée en mémoire et depuis ce jour, et pour les 33 années suivantes, je me suis regardé dans le miroir et je me suis posé la question : "Si, aujourd'hui, c'est le dernier jour de ma vie, est-ce que je veux vraiment faire ce que je vais faire aujourd'hui ?" Et lorsque ma réponse est "non" pendant trop de jours d'affilée, cela signifie que je dois changer quelque chose.

   Garder toujours en tête que je peux mourir bientôt est ce que j'ai découvert de plus efficace pour m'aider à prendre des décisions importantes. Parce que toutes nos attentes, notre orgueil, notre peur de la honte, de l'échec, tout cela s'efface devant la mort pour ne laisser que ce qui compte vraiment. Se souvenir que la mort viendra un jour est la meilleure façon d'éviter le piège qui consiste à croire que l'on a quelque chose à perdre. On est déjà nu. Il n'y a aucune raison de ne pas suivre son cœur.

   Votre temps est limité, ne le gâchez donc pas en vivant une vie qui n'est pas la vôtre. Ne soyez pas prisonnier des dogmes qui obligent à vivre en se pliant à la pensée d'autrui. Ne laissez pas votre propre voix être étouffée par celle des autres. Et plus important encore, **ayez le courage de suivre votre cœur et vos intuitions. Quelque part, ils savent déjà ce que vous voulez devenir. Tout le reste est secondaire**. »

Encore une fois, qui suis-je, moi, Daniel Blouin, qui n'ai jamais fait face encore à la mort pour ne pas prendre ces conseils au sérieux ? Pourquoi n'appliquerais-je pas également ces conseils pour vivre une vie sans regret le dernier jour venu ?

De toute façon, qu'ai-je réellement à perdre à ne pas essayer d'appliquer ces conseils ? La précieuse occasion de vivre la vie trépidante du poisson rouge ? Si c'est vraiment tout ce que j'ai à perdre à essayer de vivre à fond, pourquoi ne pas essayer ?

Quand Jobs dit : « Parce que le simple fait de croire que les choses se relieront un jour entre elles vous donnera assez de confiance pour suivre votre cœur, même lorsqu'il vous guide hors des sentiers battus, et c'est ce qui fera toute la différence. »

Il est vrai que si je regarde en arrière et que je prends du recul quant à mon cheminement, je réalise évidemment qu'il m'aurait été absolument impossible de prévoir mon parcours et de prédire ce qui allait se passer dans ma vie.

Alors que je quittais Québec pour Montréal avec seulement mon oreiller et mon ordinateur, comment aurais-je pu prévoir que je deviendrais un producteur de vedettes de la chanson, que je créerais une compagnie d'édition, que je reviendrais à Québec et que j'aurais une entreprise de communication avec plusieurs employés, que j'aurais participé à la création du premier tournoi de *pond hockey* au Québec et de l'un des plus gros au monde, que je créerais un tournoi avec des joueurs vedettes de la LNH, que je vendrais mon entreprise et que j'écrirais un *fucking* livre ?

Je n'aurais évidemment jamais pu prévoir cette succession d'événements et d'occasions opportunes qui, au premier abord, n'ont absolument rien en commun ou qui, du moins, ne représentent pas du tout une suite normale ou logique. Nous sommes d'accord sur le fait que je n'étais quand même pas parti pour Montréal dans l'objectif d'écrire un livre, de créer des tournois de hockey et de travailler en communication à Québec. Alors pourquoi aurais-je dû essayer de prévoir l'impossible et les choses imprévisibles alors que je partais définitivement pour Montréal il y a une vingtaine d'années ?

C'est effectivement et uniquement en regardant en arrière que je peux faire des liens aujourd'hui. À chaque époque, la seule et unique chose que je devais faire était bel et bien de suivre mon instinct. Rien d'autre. Toute tentative de prévisions rationnelles se serait avérée ridicule.

J'ai toujours pensé qu'une chose mène à une autre sans que l'on puisse le prévoir. Il s'agit donc de ne pas essayer de voir trop loin, de seulement faire confiance à l'instinct du moment et de suivre sa voie au jour le jour. Le chemin se fera tout seul si l'on ose le suivre. Je dis bien « si ». Rien ne sert de paniquer à essayer de prédire l'avenir, car c'est peine perdue. C'est se créer un stress et une pression complètement inutiles.

Également, si j'avais toujours attendu d'avoir le contexte parfait ou la situation idéale avant d'effectuer mes sorties de zone, je n'aurais jamais rien fait, car la situation n'était jamais idéale. Jamais.

Si j'avais attendu le contexte idéal pour passer à l'action, je n'aurais probablement jamais eu l'emploi de mes rêves à Montréal, je ne serais probablement jamais revenu à

Québec, je n'aurais certainement jamais eu d'enfants, je ne me serais probablement jamais lancé en affaires, je n'aurais certainement jamais vendu mon agence et je n'aurais assurément jamais écrit un livre. Je serais probablement même encore dans le sous-sol chez mes parents. Qui sait ?

Exemples beaucoup plus anodins. Je n'étais pas obligé non plus d'attendre d'avoir de beaux vêtements officiels de course pour participer à ma première compétition de motocross. Je n'étais pas obligé d'attendre non plus d'avoir de belles petites culottes courtes officielles de marathonien pour participer à mon demi-marathon. Je n'étais pas obligé d'attendre un super vélo de course dispendieux, le cuissard et les belles lunettes aérodynamiques pour pédaler de Montréal à Québec.

Mes culottes d'armée, mon maillot de bain et mon vieux bazou de vélo de montagne faisaient très bien l'affaire pour des premières expériences. Mais mon Dieu que je m'en foutais de perdre quelques minutes par manque d'aérodynamisme parfait. Ce n'était tellement pas le but. Je voulais uniquement dépasser mes limites sans aucune visite à l'hôpital. Attendre d'avoir les *looks* officiels ou les équipements de fine pointe n'aurait été que prétexte pour tout remettre à plus tard et ne rien faire, finalement.

J'aimerais partager

En cumulant et en partageant éventuellement plusieurs autres histoires différentes de changements de travail, de carrière ou de vie, j'aimerais pouvoir donner ainsi le petit coup de pouce ou le petit coup de pied au « derrière » qui peut s'avérer parfois fort utile lorsque vient le temps de prendre des décisions importantes et de sortir de sa zone de confort.

J'aimerais au moins pouvoir apporter un éclairage objectif et des exemples réels de tous les horizons qui peuvent s'ouvrir devant nous lorsque nous décidons de franchir nos peurs et nos blocages, lorsque vient le temps de passer à l'action en provoquant le destin.

Par exemple, certaines personnes m'ont avoué avoir décidé d'écrire leur premier livre ou de changer complètement de carrière lorsqu'elles ont su que j'avais moi-même vendu mon entreprise pour sauter dans le vide. Je n'aurais jamais soupçonné que mon changement de vie avait eu de l'impact sur d'autres si ces personnes ne m'en avaient pas fait part.

Nos changements de vie influencent et motivent d'autres personnes sans que nous le sachions. Du moins, ils provoquent certains déclics difficiles à expliquer. L'important n'est pas tant de les expliquer, mais bien qu'ils se réalisent pour pouvoir en profiter avant qu'il ne soit trop tard.

Si la lecture de mon histoire a pu inspirer un étudiant à faire une pause dans son cheminement scolaire pour partir en voyage dans le monde, un jeune à quitter son patelin pour s'envoler vers la métropole, un travailleur exilé à revenir vivre dans sa ville natale, un jeune adulte à fonder une boîte de communication ou un homme d'affaires à vendre son entreprise à quarante ans pour demeurer dans sa voie comme je l'ai fait moi-même, je serai alors heureux d'avoir investi du temps dans l'écriture de ce livre.

J'espère que vous avez apprécié.

Bonne vie !

Daniel Blouin

Inscrivez-vous sur

www.danielblouin.com

pour recevoir
GRATUITEMENT
des outils qui vous aideront à effectuer des changements

Il me ferait un immense plaisir de recevoir
vos commentaires ou votre témoignage à:

commentaire@danielblouin.com

Remerciements

Merci à...

... Marjolaine, mon âme sœur, que j'ai rencontrée à dix-sept ans, d'avoir toujours été à mes côtés durant plus de vingt années déjà, de m'avoir constamment soutenu et suivi dans mes folies.

... Noémie, Sarah et Benjamin d'exister et d'avoir représenté mes plus belles sorties de zone.

... mes parents, pour tout ! Merci de m'avoir modelé comme je suis et de m'avoir transmis la confiance et la force nécessaire.

... Mark Lazare, Donald K. Donald, René Leblanc, Annie Brocoli, Kevin Parent, Marie-Chantal Toupin, 2 Faces, Onze, Jorane, France D'Amour, Nicola Ciccone, Sass Jordan, Chad Richardson, Nancy Wiseman, Mariana Gianelli et tous mes autres collègues de l'époque pour mon séjour fantastique à Montréal.

... Marie-Andrée Houde d'avoir pris le risque de me faire confiance et de s'être associée à moi. Merci pour ces douze très belles années.

... tous mes amis, employés, collaborateurs, artistes et clients que j'ai croisés sur mon passage lors de ces chapitres de vie.

... Élaine Robichaud pour avoir été témoin de la naissance de ce livre et d'y avoir contribué durant tout le processus par ses précieux conseils.

... toutes les personnes que je croiserai dans mes nouveaux chapitres de vie.

Je remercie également le McDonald's des Galeries de la Capitale ainsi que le Starbucks de Beauport de m'avoir servi de bureau itinérant où j'ai écrit les deux tiers du livre. Cela dit, le café est meilleur au McDo. L'autre tiers du livre a été écrit dans mon auto à coup de centaines de courriels envoyés à moi-même. Je sais que c'est illégal et je m'excuse donc pour tous les accidents que j'aurais pu causer.